Herderbücherei

Band 1351

W0307623

Über das Buch

„Typisch amerikanisch", gibt es das? Die USA sind ja ein riesiger Schmelztiegel, in dem man die verschiedensten Bevölkerungsteile noch gut erkennt: die Minderheiten der Indianer, Afrikaner, Asiaten, dann die Mehrheit der Europäer, darunter zwar vor allem die Engländer und Deutschen, aber auch alle anderen Nationalitäten der Alten Welt, die zusammen erst die Vielseitigkeit und den Reiz dieser Neuen Welt ausmachen. Den Charme Amerikas zu entdecken ist die Einladung dieses heiteren Reiseführers. Der Autor, der viele Jahre in Amerika gelebt und gearbeitet hat, schildert die Lebensphilosophie der US-Bürger, beobachtet kuriose Sitten und Vorstellungen und erzählt von Begebenheiten, die eben „typisch amerikanisch" sind. Es ist ein Vergnügen, ihm zu folgen.

Über den Autor

Klaus Mampell schreibt seinen Werdegang der humanistischen Schule in Deutschland ebenso zu wie der wissenschaftlichen Hochschule in Kalifornien, wo er promovierte. Noch während er in Amerika als Universitätsprofessor seine genetischen Forschungen betrieb, wandte er sich zunehmend der wissenschaftlichen Tätigkeit zu. Und nun ist er nicht nur Autor von zwei Sachbüchern, sondern auch von drei Erzählungsbänden und fünf Romanen. Außerdem werden seine Beobachtungen oder Geschichten – und nicht nur solche über die USA – laufend von Presse und Funk in der Bundesrepublik Deutschland, in der Schweiz und in Österreich gebracht. Seine Sprachglossen, die oftmals die deutsche mit der englischen Sprache vergleichen, sind nun auch als Buch erschienen (Heraus mit der Sprache, Maximilian Dietrich Verlag, Memmingen 1985). Seit Jahren nun verbringt der Autor den Großteil des Jahres in Europa, teils am Bodensee, teils an der Côte d'Azur, dazwischen aber zieht es ihn immer wieder auf Monate nach Amerika zurück; denn er meint, wer lange dort gelebt habe, komme nie wieder ganz davon los.

Klaus Mampell

Typisch amerikanisch

Heitere Rundreise durch die USA

Herderbücherei

Originalausgabe
erstmals veröffentlicht als Herder-Taschenbuch

Buchumschlag: Willy Kretzer

Alle Rechte vorbehalten – Printed in Germany
© Verlag Herder Freiburg im Breisgau 1987
Herder Freiburg · Basel · Wien
Herstellung: Freiburger Graphische Betriebe 1987
ISBN 3-451-08351-5

Inhalt

Besonderheiten da und dort

Besonderheiten überall

Kultur in amerikanischer Reinkultur

Unterm Sternenbanner

Sitten und Benimm

Essen und Trinken

Typisch amerikanische Typen

Besonderheiten da und dort

Von der Freiheit und der Freiheitsstatue

Wie jedermann weiß, ist die Freiheitsstatue in New York zu besichtigen. Man braucht freilich nicht davorzustehen, um sie zu betrachten. Man kann sie auf unzähligen Abbildungen sehen und auf Ansichtspostkarten kaufen, oder man kann sie in Miniaturausfertigung aus Gips oder Metall erwerben und auf den Kaminsims stellen neben eine Büste von George Washington oder Abraham Lincoln, falls man Amerikaner ist, oder falls man als europäischer Tourist in Amerika war, stellt man sie zu Hause neben die anderen Reiseandenken, den Eiffelturm und die Akropolis und den Königstempel von Bangkok; da ist man nämlich auch schon gewesen, und das ist von Europa noch viel weiter weg als New York.

Überhaupt, wer war denn heutzutage noch nicht in New York?

Alljährlich reisen Hunderttausende von Touristen oder sogar Millionen nach Amerika, und weil ungefähr alle in New York ankommen, wäre anzunehmen, daß sie die Freiheitsstatue gesehen haben, denn dort steht sie an der Einfahrt zum Hafen. Nur kommen die Touristen heutzutage nicht mit dem Schiff wie vormals die Einwanderer, die sich die Freiheit in Amerika erhofften, und als das Schiff da am Eingang zum Hafen langsam an der Freiheitsstatue vorbeifuhr, werden wohl so manchem, der zu der fünfzig Meter hohen Gestalt auf ihrem fünfzig Meter hohen Sockel emporblickte, die Augen übergegangen sein, allerdings nicht so sehr wegen ihrer Höhe, denn seit die Statue of Liberty vor über hundert Jahren in New York errichtet wurde, wuchsen dort die Wolkenkratzer immer höher hinauf, und schließlich wurden sie mehrere hundert Meter hoch. Nein, so kolossal wirkte die Freiheitsstatue nicht. Aber sie war die Begrüßung. Sie war das Sinnbild der Freiheit. Sie stand für Amerika.

Wenn jetzt Einwanderer nach Amerika gehen, dann kommen sie wie die Touristen mit dem Flugzeug auf dem Kennedy Airport an, und vom Flugzeug aus kann man zwar allenfalls kurz die Statue of Liberty von weitem erblicken, aber dabei gehen sicher keinem die Augen über, und wenn schon den gelegentlichen Einwanderern nicht, dann erst recht nicht den furchtbar vielen Touristen. Dafür ist auch gar keine Zeit.

Man muß sich ja fertigmachen für die Paß- und Zollkontrolle. Sie und nicht die Freiheitsstatue gibt dem Besucher den ersten Eindruck von Amerika, und dabei hat wohl keiner das Gefühl, daß er in die Freiheit gelangt, es sei denn, man merkt alsbald, wie frei sich die Einreisebeamten benehmen, die ja Newyorker sind, und Newyorker nehmen sich allerlei Freiheiten heraus. Das werden auch die meisten Touristen um so mehr erfahren, je mehr Tage sie in der monströsen Stadt verbringen.

Was muß man denn in New York gesehen haben? Warum kommt denn alle Welt hierher? Wohl kaum, um die Freiheitsstatue aus der Nähe zu betrachten, sondern man will die Giganten unter den Bauwerken sehen, solche himmelwärts ragenden Türme wie das Empire State Building und das World Trade Center.

Durch die Straßenschluchten Manhattans wollen die Millionen Besucher wandern, und das können sie auch ohne allzu große Gefahren tun auf solchen Straßen wie der Fifth Avenue; aber weit weg von den großen Avenuen wandert man nicht, damit man nicht gewisse Freiheiten der Newyorker gar zu kraß am eigenen Leib erfährt; denn gegen Diebstahl und Raub ist keiner in New York immun, auch nicht am hellichten Tage, und am wenigsten die arglosen Touristen. Sie sind lohnende Objekte für jene Newyorker, die davon leben, andere auszuplündern. Diese Freibeuter fürchtet man, zumal als unbewaffneter Besucher, und wenn ein Tourist bewaffnet wäre, käme er ja gar nicht in das Flugzeug hinein, das ihn nach New York befördert. Also kann er dort nur Freiwild sein.

Sicher vor den Freibeutern ist man nicht einmal in einem teuren Hotel, und in New York ist sowieso alles teuer. Besonders unsicher aber ist man in der Untergrundbahn, und deshalb fährt man nicht mir ihr, sondern man nimmt sich ein Taxi und lernt dann auch noch andere Freiheiten der Newyorker kennen, vorausgesetzt daß der Taxifahrer überhaupt geruht, seinen Klapperkasten für einen anzuhalten und einem den Gefallen der Beförderung zu gewähren. Daß er einem beim Einsteigen behilflich wäre, kann man nicht erwarten. Er bleibt auf seinem Fahrersitz und deutet bloß mit dem Daumen ruck zuck über die Schulter, was soviel heißt wie: „Los, steig ein, aber dalli!" Und vielleicht sagt er auch so etwas wie: „Hop in, but be quick about it!"

Und wenn man später aussteigt, ist es zwar selbstverständlich, daß man ihm wie fast überall in der Welt außer der Taxe noch ein Trinkgeld gibt, aber in New York muß es ebenso selbstverständlich ein besonders großes Trinkgeld sein, damit er einem nicht auch noch etwas nachruft. Und bedanken wird er sich sowieso nicht, weil ihm die Zeit dafür fehlt; denn so frei ist man in New York nun wieder nicht, daß man freie Zeit hätte für irgend etwas außer dem, was mit dem Geldeinnehmen zusammenhängt, und damit hängt alles zusammen.

So sind die Newyorker, mit denen man am meisten zu tun hat, also die Leute um einen herum. Und dabei spielt es keine Rolle, ob sie männlich oder weiblich sind, schwarz oder weiß, Puertoricaner oder Italiener oder Juden oder was es sonst noch in New York für Nationalitäten oder Rassen oder Religionen gibt, und es gibt alle, die es gibt, und alle sind Newyorker.

Von der vielberufenen Freiheit Amerikas, die sich in der Freiheitsstatue konkretisiert, lernt man in New York also vor allem die Schattenseiten kennen. Wenn man nach Moskau reist, braucht man dort solche Angst wie in New York nicht zu haben. Dort nehmen sich die Leute nicht solche Freiheiten heraus; denn die sind dort verboten.

Weil Amerika aber so frei ist wie irgendein Land irgendwo und wohl noch um einiges freier, ist da nicht viel verboten. Allerdings zahlt man für so viel Freiheit einen ziemlich hohen Preis und wohl nirgends einen höheren als dort, wo die Freiheitsstatue steht, nämlich in New York.

New York, 47th Street

Von weitem betrachtet ist New York vielleicht die schönste Stadt der Welt, aus der Nähe betrachtet vielleicht die häßlichste. Westlich vom Hudson, ein Stück in den Staat New Jersey hinein, steigt das Land etwas an. Da liegen prächtige Villen, und von dort aus hat man einen freien Blick auf die gewaltige Stadt. Wenn die Luft klar ist, sind die Wolkenkratzer einzeln zu erkennen, und des Nachts ist da ein Licht am Horizont, wie man es sonst nirgends mehr sieht. Jeder Wolkenkratzer wirkt dann wie ein bunter Edelstein. Das glitzert und blitzt und funkelt wie so viele Leuchtkristalle vor schwarzem Hintergrund.

Wer in New York am Hudson wohnt, der sieht die Wolkenkratzer unmittelbar vor sich, ist aber eben noch weit genug von ihnen entfernt, um sie in ihrer Mannigfaltigkeit zu sehen, und es werden der Riesen immer noch mehr. Im unteren Manhattan sind die zwei himmelwärts strebenden Türme des World Trade Center, die noch höher wirken als das mit seinem Aufbau nahezu 500 m hohe Empire State Building im mittleren Manhattan, und auch um dieses stehen viele neue Riesen, die es ob ihrer Masse in den Schatten stellen. Die Schatten sind wörtlich zu verstehen. Nach Sonnenaufgang lassen sie am wirkungsvollsten die Konturen dieses zivilisatorischen Felsengebirges hervortreten, so daß die Schluchten zwischen den Wolkenkratzern an die ungeheuerliche Landschaft des Grand Canyon im Staate Arizona erinnern, und man fühlt sich auf einen anderen Planeten versetzt, hier ebenso wie dort.

Im Grand Canyon sind die Schluchten menschenleer. Hier

in New York wimmeln mehr Menschen jeglicher Art in den Straßenschluchten als irgendwo sonst, leben doch 14 Millionen Menschen im Zuzugsgebiet von New York, und davon 8 Millionen im eigentlichen Stadtgebiet. Was es an Rassen und Völkern und Religionen und Kulturen auf der ganzen Welt gibt, das gibt es alles hier. Wenn du Menschen irgendwelcher Art sehen willst, dann brauchst du New York nie zu verlassen. Mische dich unter sie, aber entferne dich lieber nicht allzu weit von der Fifth Avenue oder von der Avenue of the Americas! In den Seitenstraßen wird es dir sonst unheimlich unter all den Menschen, und sie brauchen deshalb nicht schwarz oder gelb zu sein; auch die weißen scheinen dir nicht eben gut gesinnt. Sie wirken hier in den Seitenstraßen oftmals so häßlich wie der Abfall, der sich da allenthalben ansammelt. Nur ist der menschliche Abfall viel bedrohlicher.

Die alte Dame, mit der ich mich im Penthouse eines Bekannten unterhielt, warnte mich vor den Straßen New Yorks, doch ich entgegnete, es sei mir noch nie etwas passiert, und ich sei oft und oft in New York gewesen. – „Aber ich wohne hier seit siebzig Jahren", sagte sie, „und ich versichere Ihnen, es wird schlimmer und immer noch schlimmer. Was mir erst in den letzten paar Monaten alles widerfahren ist! Vor drei Monaten zum Beispiel saß ich in der Nähe meines Apartment-Hauses im Park auf einer Bank. Es war ein selten schöner und klarer Tag, und ich wollte die Sonne genießen. Da kommt ein junger Mann, ein netter junger Mann mit blonden Haaren und blauen Augen, er sah wirklich nett aus. Der entreißt mir meine Handtasche, und im Nu war er weg. Wie der Wind."

„Haben Sie es der Polizeit gemeldet?" fragte ich.

„Ach, die Polizei! Natürlich habe ich es gemeldet. Aber die Polizei macht da überhaupt nichts und kann auch gar nichts machen. Das passiert in New York ja ungefähr jede Sekunde. Und mir passierte es ja auch bald wieder. Nur einen Monat danach, also vor zwei Monaten, komme ich nach Hause. Ich trug in der rechten Hand eine Handtasche, eine andere nun, und in der linken ein Paket. Ich hatte deshalb ein wenig

Schwierigkeit, die Haustür des Apartmenthauses aufzuschließen. Da kommt ein netter junger Neger und fragt sehr höflich: „Madam, may I help you?“ – Ich gebe ihm den Schlüssel, damit er mir aufschließe, und schon hat er mir die Handtasche entrissen. Der Schwarze war so flink wie im Monat zuvor der Weiße.“

„Und mit der Polizei war's wieder nichts?“

„Natürlich nicht. Die registrieren das bloß. Das geht bloß in die Statistik ein. Die Polizei hat noch nicht einmal etwas gemacht, als mir vorigen Monat wieder sowas passierte, und diesmal war es noch viel schlimmer. In den Handtaschen war zwar Geld, aber daran lag mir nicht soviel wie an dem Schmuck, den der Puertoricaner mir abgenommen hat. Ich steige in den Fahrstuhl in meinem Apartmenthaus. Der Puertoricaner steigt auch ein. Da hält er während der Fahrt den Fahrstuhl an und setzt mir ein Messer auf die Brust und sagt mir, ich solle ihm meine Brosche geben und meine Halskette und mein Armband und meinen Diamantring. Ich tat es. Ich gab ihm alles. Es waren Diamanten und Rubine und Smaragde; es war wirklich sehr wertvoll; und es war mir sehr lieb. Aber was konnte ich tun? Nur als er auch noch den goldenen Ring an meinem Finger wollte, bettelte ich: ‚Bitte lassen Sie ihn mir doch! Es ist mein Ehering. Ich hänge so sehr an dieser Erinnerung.‘ – Und da ließ er mir den Ring. Er war wenigstens ein Gentleman.“

So erzählte die alte Dame, ohne weiter zu jammern. Aber ihre Berichte hielten mich nicht davon ab, wieder durch die Straßen New Yorks zu bummeln, als ich das Penthouse unseres gemeinsamen Bekannten verließ. Es war ein schöner Nachmittag, da die Sonne auch in den Straßen New Yorks zu sehen ist, wenn man aus den Schatten der Wolkenkratzer tritt. Ich ging ein Stück auf der Fifth Avenue, dann nach Westen, ging über Times Square auf dem Broadway und bog auf die 47th Street ein, wo sich ein Juweliergeschäft an das andere reiht, als werde aller Schmuck der Welt hier gehandelt. Prächtige Stücke liegen in den Schaufenstern und sind innen angesammelt, neuer und alter Schmuck; Diamanten, Rubine,

Smaragde. Lebhafter Verkehr herrscht in den Läden, nicht so sehr von Damen, die den Schmuck kaufen, oder von Herren, die ihn für die Damen kaufen, als von Händlern, welche ihre Ware in der Tasche tragen und in den Läden ein und aus gehen. Und doch wird keiner von ihnen überfallen und ausgeraubt, obgleich auf der ganzen 47th Street kein Polizist zu sehen ist. Da gehen die Händler, bärtige Gestalten mit runden schwarzen Hüten, von einem Laden zu anderen. Sie kaufen und verkaufen. Sie setzen Diamanten um in Gold, Gold in Dollars, Schmuck in Geld. Wer die Händler sieht, weiß nicht, wieviel tausend Dollar die Ware in ihrer Rocktasche wert sein mag, und niemand weiß, wohin die Ware geht und woher sie kommt, und niemand fragt danach; nicht einmal ein Polizist.

Solche Warndreiecke sieht man nur in Amerika

Die Warndreiecke, die man für die Autofahrer erfand, bedienen sich einer Bildersprache, welche auf einen Blick zu erkennen gibt, was zu erwarten ist. Ein Mädchen mit einem Bübchen an der Hand auf dem Warndreieck heißt international: „Vorsicht! Kinder!“ Und bei dem springenden Hirsch versteht man augenblicklich, was dem Auto da in die Quere kommen könnte. „Vorsicht! Wildwechsel!“ heißt das in irgendeinem europäischen Land ebenso wie in Amerika. Aber in Amerika gibt es ein Warndreieck, das man nur dort sieht, genauer gesagt, an manchen Überlandstraßen, besonders im Staate Pennsylvanien. Es zeigt ein Pferd, das vor ein altmodisches Wägelchen gespannt ist, auf dessen Bock ein Männlein sitzt mit einem Schlapphut auf dem Kopf. Die Autofahrer sollen also achthaben, wenn ihnen eine solche Erscheinung begegnet.

„Vorsicht! Amish!“ bedeutet dieses Warndreieck. Und die Amish sind strenggläubige Mennoniten, die sich schon vor dreihundert Jahren der religiösen Intoleranz in deutschen Landen durch die Auswanderung nach Amerika entzogen. Und seither leben sie dort noch so, wie sie vor dreihundert Jahren lebten. In ihren Amish-Gebieten fahren sie von einem ihrer Dörfer oder Weiler zum anderen mit Roß und Wagen, weil sie jegliche neue Technik ebenso mißbilligen wie alles andere, was sich in diesen drei Jahrhunderten neu aufgetan und entwickelt hat. Doch nun führt die eine oder andere Überlandstraße durch so ein Gebiet hindurch und wird auch von den Amish mit ihren Pferdewagen benützt, und wenn das Warndreieck nicht gewesen wäre, hätte der Autofahrer denken können, er sei am Steuer eingenickt und habe von versunkenen Zeiten geträumt, denn so ein Gefährt wie dieses kann es doch wohl heutzutage nicht mehr geben, jedenfalls nicht in Amerika, dem Lande der Autos und Flugzeuge und Raumfähren, dem Lande der totalen Technik und Industrie.

Gerade in Amerika gibt es nun aber auch diese Amish-Gemeinden, und nur in Amerika gibt es Warndreiecke mit diesem Bild, das aussieht, als sei es ein Scherz. Aber es ist kein Scherz; die Warnung kam zur rechten Zeit, denn da kommt schon so ein Rößlein getrabt mit einem Wägelchen, und der Bauer auf dem Bock zieht seinen Schlapphut und grüßt zum Auto hinunter, und wenn man hören könnte, was der bärtige Mann da oben sagt, wäre es ein ehrerbietiger Gruß in deutscher Sprache, denn die hat sich bei den Amish genauso erhalten wie ihr religiöser Brauch. Sie reden das Deutsch, wie man es vor dreihundert Jahren in den Landen sprach, woher sie kamen, und sie kamen besonders aus der Pfalz, dem Elsaß und der Schweiz. Es ist ihr eigener deutscher Amish-Dialekt. Und es ist eine eigene Amish-Kleidung, die sie alle tragen und die sich durch die Jahrhunderte nicht geändert hat, düstere Kleidung ohne irgendwelchen Schmuck, sogar ohne Knöpfe, weil auch diese schon an Schmuck erinnern könnten. Und schmucklos sind ihre Häuser, ohne all den Firlefanz und all die Bequemlichkeiten, die doch so typisch für Amerika sind, Häuser ohne die unzähligen elektrischen Haushaltsgeräte, mit denen die Amish sowieso nichts anfangen könnten, weil sie die Elektrizität nicht weniger mißbilligen als das andere Teufelswerk des modernen Lebens. Für diese Menschen ist das technische Zeitalter nie angebrochen, und eine industrielle Revolution hat es für sie nie gegeben. Sie schaffen alles noch wie eh und je durch ihrer Hände Arbeit. Sie bauen auf ihren Fleiß und auf Gottes Willen.

Die ganz andere Welt außerhalb der Amish-Gemeinden geht diese frommen Leute nichts an. Radios und Fernsehgeräte gibt es nicht in ihren Häusern. Inwieweit sich die Energiekrise auf fossilen Brennstoff oder auf Kernkraftwerke bezieht, können sie auch nicht aus der Zeitung erfahren, weil sie nämlich keine lesen; denn ihnen geht es allein um Gottes Wort, und von dem ist auch in neuerer Zeit nichts abgestrichen worden, und es ist nichts hinzugekommen. „Du sollst nicht töten!“ gilt für alle Zeiten und bedeutet ihnen, daß sie keinen Militärdienst tun. Kein Amish hat an irgendeinem Krieg Amerikas teilgenommen, und der Gedanke an Atomkrieg und Weltraumwaffen kann sie insofern nicht erregen, als es in ihrer deutschen Sprache diese Wörter nicht gibt und daher auch nicht die Begriffe. So geht es sie auch nichts an, wer in Washington oder sonstwo regiert. Und sie erfahren nicht, ob die Zahl der Arbeitslosen in den USA zu- oder abgenommen hat. So oder so kann sie das nicht berühren, denn sie haben immer Arbeit und gottgefällige Arbeit, denn sie essen im Schweiße ihres Angesichts ihr Brot. Und es ist deftiges Bauernbrot, das sie backen aus dem Getreide, das auf ihren Feldern wächst abseits der Überlandstraßen, wo es auf den Wegen zwischen den Amish-Weilern freilich auch keine solchen Warndreiecke gibt; denn wenn da ein Wagen einem anderen begegnet, dann sitzt auf diesem wie auf jenem ein bärtiger Bauer oben auf dem Bock und zieht seinen Schlapphut vom Kopf und entbietet dem andern: „Gott zum Gruß“, heute wie vor dreihundert Jahren.

Die zwei amerikanischen Paradiese

Wie es in Europa die südlichen Ferienparadiese am Mittelmeer gibt, so gibt es deren in Amerika eines am Pazifik und eines am Atlantik, und welches von beiden man wählt, hängt davon ab, was man sucht, denn die beiden haben nicht viel miteinander gemein. Will man beispielsweise vor allem den Strand, an dem sich gut schwimmen läßt, dann findet man ihn eher in Florida als in Kalifornien, denn dort am Pazifik ist die Küste nur teilweise flach und sandig; zum großen Teil ist sie steil und felsig. Außerdem ist es auch in Südkalifornien während des Winters nicht warm genug, als daß man dort schwimmen gehen möchte. Und selbst im Sommer, wenn die Tage sehr heiß sind, werden die Nächte öfters kühl, denn die Luft ist trocken, und die Hitze des Tages ist abends schnell abgestrahlt. Während der Regenzeit, besonders im Januar und Februar, will man sowieso nicht in Kalifornien sein. Zwischen Frühjahr und Herbst andererseits kann es eine Beeinträchtigung der Wassersportfreuden geben, wenn der Smog, der sich manchmal über den Großteil der südkalifornischen Ebene zwischen San Diego und Santa Barbara hinzieht, auch die Strände nicht verschont.

Das sind die möglichen Nachteile, wenn man Kalifornien für einen Ferienaufenthalt wählt. Mögliche Vorteile aber gibt es auch, und zwar dann, wenn man die Ferien dazu benützt, sowohl die Wüsten als auch die Berge in den Aufenthalt einzubeziehen. Allerdings ist Kalifornien groß, und groß sind daher die Entfernungen von der Küste zu den gewaltigen Hochgebirgslandschaften der Sierra Nevada mit den Yosemite- und Sequoia-National-Parks, und darüber hinaus zur wüstenhaftesten aller Wüsten in Death Valley, dem Todestal. Dieser tiefste Punkt der Vereinigten Staaten, der 85 m unter dem Meeresspiegel liegt, übrigens zugleich auch der heißeste Punkt, ist sonderbarerweise in Sichtweite von Mount Whitney, diesem mit 4418 m höchsten Gipfel der Sierra Nevada. Zum kalifornischen Hochgebirge mit seinen Gletschern und blauen Gletscherseen und gewaltigen Wäldern gehört auch der Sequoia-National-Park mit seinen Mammutbäumen. Die größten Baumriesen dort sind 100 m hoch und haben zehn Meter dicke Stämme, und sie sind viertausend Jahre alt. Das ist schon fast wie Ewigkeit.

Alles, was typisch ist für Amerika, findet man in Kalifornien. Außerdem aber spürt man dort allenthalben den Einfluß Mexikos. Schließlich gehörte das ganze Gebiet vormals zu Mexiko. Das erkennt man an den spanischen Namen vieler Städte, und mexikanisch ist auch die Architektur vieler Häuser. Auch in der Bevölkerung Kaliforniens zeigt sich das mexikanische Element, vor allem in den Slums der Städte. Man hört viel Spanisch. Die Mexikaner, die als Landarbeiter legitim nach Kalifornien kommen oder auch illegitim über die Grenze strömen, können kaum Englisch, und für die Amerikaner auf den kalifornischen Schulen ist Spanisch die erste Fremdsprache. Auf den Menüs der Restaurants gibt es oft Gerichte, die von Mexiko beeinflußt sind. Die Kalifornier kultivieren die mexikanische Küche, und man kann sagen, sie verbessern sie, denn verschlechtern kann man sie nicht gut.

Wie vergleicht sich nun Florida mit Kalifornien? In mancherlei Beziehung ist es ähnlich, in anderer genau das Gegenteil. Der lateinamerikanische Einfluß ist in Florida fast noch spürbarer als in Kalifornien, nur kommt er hier nicht von Mexiko, sondern von Kuba, besonders seit die kubanischen Flüchtlinge zu Hunderttausenden ins südliche Florida strömten, so daß man im Gebiet von Miami beinahe mehr Spanisch als Englisch hört und daß viel Beschilderung zweisprachig ist. Und wie in Kalifornien das mexikanische Essen kultiviert wird, so hier das kubanische. Welches von beiden schlechter ist, läßt sich nicht leicht entscheiden.

Das sind die Ähnlichkeiten. Nun aber die Unterschiede: Die Strände in Florida sind sandig; Felsenküsten gibt es nicht, denn ganz Florida ist flach. Außerdem ist Florida überall so feucht und wasserreich, wie Kalifornien großenteils trocken und wüstenhaft ist. Die üppige Vegetation in den dichtbesiedelten Teilen Südkaliforniens wird ausschließlich durch künstliche Bewässerung ermöglicht. Riesige Rohre führen das Wasser über Hunderte und aber Hunderte von Kilometern durch die Wüsten heran, und ohne dieses Wasser würden die herrlichen Gärten Südkaliforniens in wenigen Tagen verdorren. In Florida hingegen regnet es das Jahr hindurch in oft tropischen Wolkenbrüchen. Und dementsprechend ist die Luft, wenn dann die Sonne wieder scheint, so schwül, daß man keine Kleider am Leib vertragen kann und daß die Leute auch auf den Straßen der unzähligen Ferienorte nur in Badekleidung zu sehen sind. Und die vielen alten Rentner, die sich in Florida niedergelassen haben, tragen Kleider aus so dünnem und locker sitzendem Stoff, daß ihre Körper darin noch unförmiger wirken, als sie es ohnedies sind; da sieht man um sich lauter wandelnde Karikaturen. Bei der tropischen Schwüle würde man es in den Gebäuden nicht aushalten ohne Klimaanlage, und alle Hotels oder Motels haben sie in allen Räumen, so daß man sich leicht den Schnupfen holt.

An landschaftlicher Schönheit bietet Florida vor allem die herrlichen Strände und das Spiel der Farben im Meer und am Himmel mit seinen wechselnden Wolken, und da wird man des Betrachtens nicht müde. Ein Erlebnis ist es auch, in einem Meer zu schwimmen, das immer so warm ist wie ein laues Bad. Einen Nationalpark gibt es in Florida auch, nämlich Everglades, mit exotischer Vegetation und mit Alligatoren. So sonderbares Getier sieht man in den Nationalparks Kaliforniens nicht; dafür aber Bären. Ein sehr bemerkenswerter Unterschied zwischen den zwei Ferienparadiesen ist jedoch, daß man in Florida keinen Smog befürchten muß. Die Luft wird immer wieder reingewaschen oder durch den Wind, der vom Meer her kommt, ausgewechselt und verweht.

Natürlich sollte man die Gemeinsamkeiten in den zwei Paradiesen nicht vergessen. Da ist vor allem Disneyland mit seinem Rummel und seinem Kolossalkitsch. Das ist das gleiche in Kalifornien wie in Florida. Auch wunderschöne Golfplätze gibt es hier wie da, und in Florida wie in Kalifornien könnte man sie leicht mit den wunderschönen Friedhöfen verwechseln; die sind hier wie dort ungeheuer attraktiv, und vielleicht haben sich nicht zuletzt deshalb so viele Rentner in Florida und in Kalifornien angesiedelt; denn wer möchte nicht gern in so einem Paradies begraben sein!? – Nun, ich nicht; das heißt, bei Lebzeiten jedenfalls nicht.

Der Wilde Westen und seine Zähmung

Wer die Vereinigten Staaten von Osten her durchquert, der merkt, wann und wo er den Westen erreicht hat, obwohl es keine genau erkennbare Grenze gibt. Nicht einmal das große Felsengebirge, die Rocky Mountains, kann als Grenze gelten. Denn ein Staat wie South Dakota liegt östlich des Felsengebirges und gehört doch zum Westen. Es ist eher etwas in der Atmosphäre des Landes und seiner Menschen, was die Eigenschaft des Westens bestimmt. Das Land ist wild und leer, und die Menschen sind noch eher wie die Pioniere, die einst nach Westen vorgedrungen waren. Auch mehren sich die Indianer und die Cowboys. Im Westen gibt es nicht soviel Farmland wie im sogenannten Mittelwesten, etwa in den Staaten Minnesota oder Iowa, sondern vor allem Rinderland und Schafland, beispielsweise in Wyoming oder Colorado, zwei Staaten, durch die sich die Rocky Mountains ziehen.

Die Geschichte des landschaftlich immer noch Wilden Westens ist die Geschichte seiner Zähmung. Das betrifft nicht nur die Unterwerfung der Indianer, die jetzt friedlich neben und zum Teil auch zwischen den Weißen wohnen, sondern auch die Unterwerfung der Natur, so daß sich heute an Stellen, die noch vor kurzem Wüste waren, blühende Oasen ausbreiten. Nur eines war dafür nötig, nämlich Wasser. Die Bewässerung ermöglichte in der Wüste beinahe jede Art von Landwirtschaft, und zugleich lieferte das Wasser die elektrische Energie für die unheimlich schnell wachsenden Städte. Nur so konnten riesige Städte wie Los Angeles in Kalifornien entstehen, nur so entstanden noch jüngst Städte wie Las Vegas in Nevada, das wegen seiner Spielhöllen einen zweifelhaften Ruhm besitzt. Der Herzschlag dieser Stadt hängt von einer dünnen Wasserader ab, nämlich vom Colorado-Fluß, der im Felsengebirge Colorados entspringt und sich westwärts und südwärts zum Golf von Kalifornien hin durch eine unglaubliche Natur windet, eine Natur, die der Fluß selbst zum Teil geschaffen hat. Die großartigsten Schluchten der Welt, der Grand Canyon, verdanken ihre Existenz ebenso dem Colorado wie die gewaltigen Staudämme und -seen in den Staaten Utah, Arizona und Nevada. Obendrein liegen die Wunder der Natur gleich neben den Wundern der Zivilisation.

Zur Natur gehört nicht nur wildes Gestein, sondern dazu gehören Tiere und Pflanzen, also auch jene wilden Büffelherden, die einmal bereits im Aussterben begriffen waren, aber jetzt nehmen sie wieder derartig zu, daß man in den Staaten South Dakota und Wyoming wieder Büffelbraten bekommt. Und an den Straßen in den „Black Hills" sind Warnungstafeln angebracht, die besagen, Büffel seien gefährlich, man möge im Wagen bleiben, wenn man ihnen begegnet. Und in der Tat begegnet man leicht einer großen Herde, die gerade die Straße überquert, und dann bleibt man bestimmt im Wagen, wenn die Büffel links und rechts und hinter und vor einem sind. Viele hundert können es sein. Nein, die Büffel sterben nicht aus.

Auch die echten Amerikaner, die Indianer also, nehmen wieder zu an Zahl. Und diese Indianer ordnen sich nicht in die amerikanische Gesellschaft ein. Sie leben entweder unter sehr primitiven Verhältnissen in ihren Reservationen oder sie ziehen in die Städte und lassen sich von der öffentlichen Hand aushalten. Zu einer regelrechten Arbeit oder zu einer beruflichen Ausbildung sind sie kaum zu bringen, und man kann sie nicht davon abhalten, ihr Geld in Alkohol umzusetzen. Wovon die Indianer in ihren Reservationen leben, ist nicht leicht vorstellbar. Man sieht zwar in der Wüste hin und wieder Schafe oder sogar Rinder, aber wovon die sich ernähren, bleibt bei dem kargen Pflanzenwuchs doch immer noch ein Rätsel. Die Weißen freilich leben in ihren Oasen von der üppigen Vegetation, die sich durch die künstliche Bewässerung aufgetan hat. Da entstehen ausgedehnte Obstbaumhaine, und es ist ein phantastisch anmutender Kontrast, blühende Bäume vor dem Hintergrund eines ausgestorbenen Wüstengebirges zu sehen. Solche Kontraste sind bezeichnend für immer größere Teile des Westens; allenthalben entsteht in der glühenden Stille der Wüste nach so vielen Jahrmillionen der nahezu völligen Totenstarre eine sehr schnell, manchmal allzu schnell aufblühende Kultur.

So entstanden auch die Oasen von Las Vegas in der Nähe von Lake Mead, diesem unwirklichen See. Außerordentlich ist dieser See nicht so sehr wegen seiner Größe, obgleich er mit 180 Kilometer Länge ungefähr dreimal so lang ist wie der Bodensee. Doch in Amerika gibt es Seen, die viel größer sind. Das Außerordentliche am Lake Mead ist seine Lage in der heißen Wüste zwischen den Staaten Nevada und Arizona in einer Gegend, wo man sich einen See nicht vorstellen kann, wo er nicht sein sollte und wo er vor wenigen Jahrzehnten auch noch gar nicht war.

Der Hoover-Damm, der 223 Meter hohe Staudamm im Boulder Canyon, hat den Colorado-Fluß zu diesem riesigen See aufgestaut. Aber den ungeheuerlichen Damm sieht man nur dort in der verborgenen und höllisch heißen Schlucht mit ihren beinahe senkrechten Wänden. Flußaufwärts vom Hoover-Damm, einem der eindrucksvollsten technischen Wunder in einem Land voller technischer Wunder, windet sich der See und erstreckt sich in die Wüste. Wenn man von der Wüste kommt und den See erblickt, glaubt man, einer Fata morgana zum Opfer gefallen zu sein, denn die große Wasserfläche breitet sich zwischen kahlem Sand, Geröll und Felsen aus.

Die Wasserskiläufer auf dem See sind keine Sinnestäuschung. Die Motorboote sieht man nicht nur, sondern man hört sie auch, wenn sie nahekommen. Und da von den Booten aus auch geangelt wird, gibt es also Fische im Wasser, allerdings Fische, die es vorher hier nie gegeben hat. Sie sind in dem See ausgesetzt worden, und somit haftet ihnen doch etwas Künstliches an. An dieser Stelle mögen in früheren Zeitaltern der Erdgeschichte einmal Fische gelebt haben. Aber seit vielen Jahrmillionen gibt es hier nichts als Wüste, und Fische haben da nichts zu suchen, nicht einmal im schlammigen reißenden Colorado-Fluß tief unten in den Schluchten, die der Fluß ins Gestein genagt hat. Die Fische im See sind immerhin so wirklich wie das üppige Grün in den Gärten von Boulder City, der Stadt nahe beim Damm. Diese Gärten waren vor wenigen Jahrzehnten auch nicht da, wie die ganze Stadt nicht da war. Doch wo man das Wasser aus dem See pumpt und auf den dürren Boden fließen läßt, wachsen Gras und Blumen, wachsen Büsche und Palmen. Boulder City ist eine moderne Oase, eine sehr amerikanische Oase mit viel Luxus und viel Autoverkehr.

Es ist alles schön und eigentlich zu schön, um wahr zu sein. Das Hotel am Ufer des Sees ist gut und bequem; man könnte sich wohl fühlen hier. Trotzdem gehört der See nun einmal nicht hierher, und fast kommt es einem so vor, als könne er wieder plötzlich verschwinden wie eine Fata morgana. Auch die Pflanzen trauen ihm nicht, denn sie siedeln sich nicht an seinem Ufer an. Nur wo künstlich bewässert wird, breitet sich das Leben aus. Aber sonst reicht die Wüste überall bis hart an die Ufer des Sees. Die Natur will das Wasser nicht zur Kenntnis nehmen. Es ist, als fühlten die Pflanzen und Tiere, es lohne sich nicht, das Leben hier zu beginnen; das dauere doch nicht lange.

Und inzwischen hat der See, so riesenhaft er ist, das Klima in der Wüste nicht verändert, nicht einmal in seiner unmittelbaren Nachbarschaft. Die Luft ist so trocken wie weiter weg in der Wüste. Wenn das Wasser des Sees in der heißen Luft verdunstet – und das muß es wohl –, merkt man davon nichts. Die Luft ist hier so klar wie in der Wüste andernorts. Da ist kein Dunst, der die Entfernung in ihren Abstufungen einigermaßen schätzen läßt. Den Unterschied zwischen zehn und hundert Kilometern erkennt man nicht. Man kann nicht ausmachen, ob etwas nah und klein ist oder fern und groß. Der riesige See wirkt nicht so groß, wie er ist.

Unheimlich ist auch die Stille, die Leblosigkeit des Sees. Da spülen keine Wellen an den Strand. Da ist kein Wind, keine Brise. Da ist kein Regen, kein Wetter. Da fliegen keine schreienden Möwen über dem Wasser; da weiden keine Tiere am Strand. Die Pflanzen verdorren am Ufer. Kakteen und dürres Gestrüpp lassen sich auch sonstwo in der Wüste finden. Aber Gras könnte man einen Meter vom Wasser weg pflanzen; das Gras würde das Wasser nicht spüren und sterben.

Wie hier am Lake Mead sind im Westen auch sonst die Möglichkeiten, die Flüsse aufzustauen und damit die Oasen entstehen zu lassen, auf verhältnismäßig kleine Gebiete begrenzt. Die Grenzen werden von der Natur gesetzt. Man kann dem Colorado-Fluß nicht mehr Wasser abzapfen, als er im Jahresdurchschnitt mit sich führt; den anderen Flüssen, die nach Westen fließen, auch nicht; und man nützt viele schon fast gänzlich aus. Dicht kann man den Westen nie besiedeln. Zwischen den einzelnen Oasen wird immer der leere Raum bleiben. Der Großteil des Westens bleibt wild.

Besonderheiten überall

Das Besondere an so einer Großstadt

Auch wenn ich Ihnen diese Großstadt ganz genau beschreibe, können Sie doch nicht wissen, welche Stadt in Amerika ich meine. Deshalb sage ich Ihnen lieber schon vor meiner Beschreibung, daß es sich um Fort Wayne, Indiana, handelt. Und ich kann Ihnen noch etwas sagen, was Sie bestimmt nicht wissen: In Fort Wayne gibt es die besten *hot dogs* der Welt, und wie Sie andererseits bestimmt wissen, sind *hot dogs* heiße Hunde, und heiße Hunde sind Würstchen.

Haben Sie überhaupt schon einmal von Fort Wayne, Indiana, gehört? Ich jedenfalls hatte noch nie davon gehört. Ich kam nur zufällig durch diese Stadt. Sie liegt genügend abseits der großen Durchgangsstraßen, daß man im allgemeinen nicht dorthin gerät, wenn man auf dem Weg anderswohin durch den Mittelwesten fährt. Die Stadt liegt in dem Gebiet, das man als Bible Belt bezeichnet, als Bibel-Gürtel; denn in dieser Gegend sind die Leute besonders fromm. Da geht man fleißig in die Kirche. Das ergibt sich schon daraus, daß Fort Wayne, eine Stadt von etwa zweihunderttausend Einwohnern, etwa zweihundertzwanzig Kirchen hat; und gegenüber dem Motel, wo ich abgestiegen war, wurde gerade eine neue Kirche gebaut. Offenbar geht Fort Wayne dauernd mit einer neuen Kirche schwanger, und so ungefähr alle neun Monate wird wieder eine geboren.

„Heute ist Sonntag, da habe ich sowieso nichts zu tun, und ich zeige Ihnen gern Fort Wayne“, sagte der kleine weißhaarige Bürger der Stadt, der mich morgens beim Motel angesprochen hatte. In Amerika spricht man leicht die Leute an, besonders im Mittelwesten. Man tut es aus reiner Freundlichkeit. Es kommt wohl noch aus der Zeit der Pioniere, da einer über Land geritten kam und in einer Ortschaft Zuflucht suchte, bevor er durch neuerliche Beschwernisse weiterritt. Heutzutage nimmt man Autos statt des Pferdes, aber der halb neugierigen, halb besorgten Frage: „Sind Sie fremd hier?“ und „Kann ich Ihnen helfen?“ begegnet man noch oft.

Ich konnte das Anerbieten des freundlichen kleinen Mannes kaum ablehnen, wollte ich doch über den Sonntag sowieso hier rasten, bevor ich auf dem Wege nach Westen durch das riesige Land weiterfahren mußte. – „Wann gehen Sie in die Kirche?“ fragte er mich und erklärte mir auch gleich, wann er selber gehe und in welche, und nach dem Kirchgang wollte er mich mit seinem Wagen durch Fort Wayne fahren, um mir alles Sehenswerte zu zeigen.

Die Fahrt durch die Stadt lief noch langsamer ab als die Predigt in der Kirche. Aus dem Fenster des Wagens deutete er auf dieses Gebäude und jenes, auf eine Kirche, auf das Rathaus oder die Bibliothek oder ein Warenhaus, auf eine neue Bank oder eine ältere Bank, auf die Handelskammer, auf eine Schule, ein anderes Warenhaus, noch eine Bank, und wieder eine Kirche.

Ich war froh, als er die Tour mit der Frage beendete: „Darf ich Ihnen jetzt etwas zu essen anbieten?“ – „Ich wäre nicht abgeneigt“, antwortete ich. „Vielleicht gibt es in Fort Wayne etwas, das man anderswo nicht so bekommt?“ Und augenblicklich schoß es aus dem kleinen Mann heraus: „Hot dogs!“

Heiße Hunde gibt es in jedem Ort in Amerika, dem größten wie dem kleinsten, im Norden, Süden, Osten, Westen oder Mittelwesten. Wenn es irgend etwas gibt, heiße Hunde gibt es auf jeden Fall. – „Hier in Fort Wayne gibt es die besten heißen Hunde der Welt“, erklärte er stolz und fuhr auch schon zu dem Lokal, wo es sie gab, „the best hot dogs in the world“.

Es war ein Lokal, wie es in Amerika in allen Orten solche Lokale gibt, in denen man jederzeit an jedem Tag irgend etwas zu essen und zu trinken bekommt. Und die heißen

Hunde in diesem Lokal waren von genau derselben Form und Größe und Farbe und vom selben Geruch und Geschmack wie die heißen Hunde in allen anderen Lokalen in Amerika, und man aß sie auf denselben aufgeschlitzten länglichen weichen Brötchen mit demselben roten und braunen und gelben und grünen Drum und Dran und Obendrauf wie in allen Ortschaften in den USA. In der Tat, diese heißen Hunde waren ebenso bemerkenswert wie die Kirchen und die Banken und die Schulen und das Rathaus und die Handelskammer von Fort Wayne.

„Well", fragte er erwartungsvoll, „what do you think of them? – Was halten Sie von denen?" – „Delicious", antwortete ich, „simply delicious! – Köstlich, einfach köstlich!" – „Sehen Sie", sagte er strahlend, „ich habe es gewußt."

So, und nun wissen auch Sie, wo es die besten heißen Hunde gibt, nicht nur in Amerika, sondern auf der ganzen Welt. In Fort Wayne, Indiana. Man muß es natürlich nicht unbedingt wissen. Nur glauben muß man es. Und in Fort Wayne ist der Glaube stark.

Das Besondere an so einer Kleinstadt

Wenn einer Zehntausende von Meilen kreuz und quer durch Amerika fährt, kann früher oder später etwas passieren, will sagen, es ist dann fast unwahrscheinlich, daß es ohne Unfall abgeht. Mir und meinem Wagen aber mußte es ausgerechnet widerfahren, als ich auf dem Wege nach Europa war.

Es geschah in North Platte, Nebraska. Sie wissen nicht, wo das ist? Wie sollten Sie es auch wissen? Ich hatte von dem Ort selber nie zuvor gehört. Aber da war ich nun, mitten in Amerika, wirklich vom Pazifik etwa so weit entfernt wie vom Atlantik, von Kanada so weit wie von Mexiko. Es war Ende Januar und bitter kalt. Die Straßen waren zwar offen, aber verschneit, und darum hatte der Unfall um so leichter geschehen können, gerade an der Stadtgrenze von North Platte, einer Stadt von etwa zwanzigtausend Einwohnern, wie es im Mittelwesten oder überhaupt in Amerika ihrer ungezählte gibt. Es sind Städte, die voneinander nicht zu unterscheiden sind. Und da mußte ich mit meinem Wagen in die andere Fahrbahn geraten und in einen entgegenkommenden Wagen fahren.

Es war genau drei Tage, bevor mein Schiff von New York nach Europa abfahren sollte. Damals gab es noch mehr Schiffe, die zwischen Europa und Amerika fuhren, als es jetzt gibt, und das Praktische daran war, daß man seinen Wagen mitnehmen konnte und ihn hier wie dort bis zum Schiff und vom Schiff ab zur Verfügung hatte. Und so sollte auch damals nicht nur ich, sondern auch mein Wagen aufs Schiff. Der Unfall geschah an einem Montagabend, und am Donnerstagabend hatte ich in New York sein wollen. In den drei

Tagen waren noch rund 1600 Meilen zurückzulegen. Ohnedies hatte ich mir also einiges zugemutet.

Der Unfall verursachte zwar weder hier noch da eine körperliche Verletzung, aber der Sachschaden ging in die Hunderte; Dollars wohlgemerkt. Die Versicherung würde zwar den Schaden der anderen Partei bezahlen; aber meinen hatte ich selber zu tragen. Doch war das nicht einmal das Schlimmste. Was aber sollte aus meiner Rückkehr nach Europa werden? Es war nicht daran zu denken, meinen Wagen so mit aufs Schiff zu nehmen oder ihn überhaupt aus North Platte herauszufahren. Er fuhr zwar noch, aber er war in seiner ganzen amerikanischen Länge hüben und drüben schlimm angekratzt und eingebeult. Was also war zu tun? Ein Telegramm nach New York schicken, das Schiff müsse ohne mich und meinen Wagen nach Europa fahren? Sie können sich vorstellen, wie das ist, wenn man den ganzen großen Fahrplan, den man sich zurechtgelegt hat, plötzlich zusammenbrechen sieht.

Zunächst aber war da die Unannehmlichkeit des Augenblicks, die Untersuchung, wie es zu dem Unfall gekommen war. Ich bat den herbeigerufenen Polizisten, mich zunächst zu einem Motel fahren zu lassen und dort das Nähere von mir zu erkunden; hier auf der Straße nämlich klapperte ich mit den Zähnen und zitterte am ganzen Körper, was teils der Kälte, teils dem Schreck zuzuschreiben war. Der Polizist erwiderte, ich könne später zur Polizeistelle kommen, wo ich das Protokoll unterschreiben müsse.

Als der Polizist bald, nachdem ich selber angekommen war, in dem Motel erschien, sagte er, ich möge mich zuerst einmal in meinem Zimmer einrichten und mich beruhigen. Er warte derweilen und wolle mich dann in seinem Wagen zur Polizeistelle fahren, da ich zum Fahren sicher keine Lust mehr habe. Auch der Motelier und seine Frau bekundeten mir ihre Anteilnahme an dem Mißgeschick auf die freundlichste Weise und brachten mir gleich von ihrem heißen Kaffee, damit ich mich damit wärme.

Später, auf der Polizeistelle, klagte ich vor den anderen

Polizeibeamten, die sich über mein Mißgeschick mit mir unterhielten, mein Leid wegen der bevorstehenden Reise nach Europa. Wer, oh wer, so fragte ich, könne meinen Wagen in einem Tag reparieren, damit ich es allenfalls doch noch schaffen würde? – Die Polizisten besprachen die Sache untereinander und meinten dann, man könne immerhin die beste Reparaturwerkstätte in North Platte, die ihnen bekannt sei, geschwind anrufen in der Hoffnung, noch jemanden da zu finden – es war nun schon nach Torschluß –, und wenigstens fragen, ob eine schnelle Reparatur möglich sei. Und der Polizist, der mich verhört hatte, sprach schon mit jemandem eindringlich und bittend übers Telefon, stellvertretend für mich.

Ich solle meinen Wagen sofort zur Werkstätte bringen, hieß es, und schon fuhr der Polizist mich in seinem Polizeiwagen zu meinem Motel zurück und sagte, ich solle nun in meinem Wagen hinter ihm her fahren; er werde mir den Weg zur Werkstätte bahnen.

Dort angekommen, besichtigte der Chef den Schaden, und dann meinte er, wenn man praktisch die Nacht durch daran arbeite, könne der Wagen allenfalls am sehr späten Nachmittag des folgenden Tages fertig sein. – Ich wollte wissen, ob man denn all die fehlenden Teile, die vom Wagen abgerissen wurden, in der kurzen Zeit beschaffen könne. – Garantieren könne er es nicht, meinte der Mann, aber er werde sein Bestes tun. – Sie können sich denken, daß ich nun doch ein wenig beruhigt zu meinem Motel zurückfuhr. Das heißt, der Polizist fuhr mich zurück.

Ich weiß nicht, worauf ich die Hilfsbereitschaft der Leute von North Platte zurückführen soll. Es ist da etwas von anderen Zeiten zu spüren. Amerika und besonders die mehr westlich gelegenen Gebiete sind noch nicht so lange kolonialisiert und zivilisiert worden, als daß nicht etwas vom Geist der Pioniere übriggeblieben wäre. Damals waren die Leute aufeinander angewiesen. Die Gemeinschaft half dem einzelnen, der zur Gemeinschaft stieß.

Am nächsten Tag fuhr der Motelier mich morgens in seinem Wagen zur Werkstätte, damit ich sehe, wie weit die Reparatur gediehen sei. Und er fuhr mich noch viermal während des Tages hin, und jedesmal glich der Wagen etwas mehr seiner unversehrten Gestalt. Zwischen den Besichtigungen bewiesen mir der Motelier und seine Frau eine Freundlichkeit nach der anderen, sie bewirteten mich unentgeltlich mit mancherlei zu essen und zu trinken, um mir die Zeit zu vertreiben und um meine Unruhe zu mildern.

Abends gegen acht – in der Werkstätte hatten die Leute fast andauernd daran gearbeitet – war der Wagen fertig. Wenn man es nicht wußte, sah man ihm das, was er jüngst erlitten hatte, nicht mehr an. Auch die abgerissenen Teile waren sämtlich ersetzt. Die Rechnung war nicht so hoch, wie ich befürchtet hatte.

Ich verließ North Platte sofort und fuhr die ganze Nacht durch. Nach zwei Tagen sehr anstrengenden Fahrens erreichte ich New York und mein Schiff eben noch zur rechten Zeit. – Und nun frage ich Sie, ob es eine solche Polizei, eine solche Herberge, eine solche Autowerkstätte wie in North Platte, Nebraska, irgendwo in Europa gibt. Nun, North Platte, Nebraska, gibt es in Amerika auch nur einmal. Aber – ich sagte es ja schon – in Amerika gibt es derlei Städte gleich hundert- oder tausendfach. Man hört nur selten etwas von einer solchen Stadt, weil kaum jemand etwas darüber zu sagen weiß; aber ich habe nun doch einmal etwas über eine solche Stadt gesagt.

Ein sehr amerikanischer Alpdruck

Kennen Sie diesen Alpdruck? Man soll zu einer bestimmten Zeit wo ankommen, und man kommt und kommt nicht an. Und wenn man meint, jetzt sei man endlich da, dann ist man doch nicht da. Und man weiß, die warten da auf einen, und wenn man nicht bald kommt, ist es zu spät. Und dabei weiß man nicht, wo man überhaupt hingehen soll. Man will jemanden nach dem Weg fragen, aber da ist niemand. Und wenn man endlich doch jemandem begegnet, weiß der auch nicht, wo das ist. Und man sucht weiter, und auf einmal ist man da. Aber man ist nicht erlöst, sondern peinlich berührt, denn man kommt viel zu spät, und die auf einen gewartet haben, die sind nun alle schon weg.

Haben Sie diesen Alpdruck je erlebt? Ich wohl. Ich meine, es war tatsächlich so, und zwar in den Staaten. Ich war mit meinem Wagen schon tagelang unterwegs durch den Mittelwesten, und an diesem Tag war ich früh morgens weggefahren, hatte nun schon zwei Staaten in westlicher Richtung durchquert und sollte im nächsten Staate in einer Stadt auf der Universität erscheinen. Ich nenne die Stadt nicht. Sie haben sowieso noch nie von ihr gehört oder von ihrer Universität. Jedenfalls gibt es diese Stadt ebenso wie ihre Universität, und ich sollte des Nachmittags um vier Uhr dort sprechen.

Die schnurgerade Autobahn führte durch eine Landschaft, die keine war, nur Weizenfelder bis zum Horizont oder Maisfelder bis zum Horizont oder gar nichts bis zum Horizont. Sonst sah man nur in einiger Entfernung hin und wieder ein Getreidesilo, das allerdings so riesig war, daß sich eine ganze Stadt dahinter hätte verbergen können. Und sie hätte nicht nur können, sie konnte offenbar auch.

Zu dem Schluß nämlich war ich gekommen, als ich die Stadt, in die ich wollte, nicht fand. Ich mußte bei dem endlosen Fahren während eines Wachtraums die richtige Ausfahrt übersehen haben. Die Stadt selbst, die auf der Karte südlich der Autobahn eingezeichnet war, hatte ich nicht bemerkt, obschon es immerhin eine Stadt von etwa vierzigtausend Einwohnern war, und eine so große Stadt hätte man doch von der Straße aus erkennen können. Aber da, wo sie ungefähr hätte sein müssen, hatte ich nur eines jener riesigen Getreidesilos gesehen.

Um vier Uhr sollte ich dort sein. Es war nun schon halb vier, und als die Stadt nicht kam und immer noch nicht kam, beschloß ich, die nächste Ausfahrt zu nehmen, um dort auf die andere Straßenseite zu gelangen und zurückzufahren in Richtung jenes Getreidesilos, und als ich das Ding schließlich am Horizont erblickte, ging ich auf der nächsten Ausfahrt von der Autobahn ab und fuhr auf einer ebenso geraden Straße nach Süden durch endlose Getreidefelder, bis ich endlich an eine Kreuzung kam, und da nahm ich den Weg nach Osten, der genauso schnurgerade durch endlose Felder führte. Das Getreidesilo sah ich nicht mehr, und ich vermutete, daß ich zu weit nach Süden abgeraten war. Als ich endlich wieder an eine Kreuzung kam, nahm ich deshalb dort wieder den Weg nach Norden durch Weizen oder Mais oder nichts. Und nun zeigte meine Uhr schon auf vier. Im Hörsaal der Universität wartete man also auf mein Erscheinen, und ich war noch nicht einmal in der Stadt angekommen. Mein Alpdruck steigerte sich bis zur Unerträglichkeit. Ich geriet aus reiner Verzweiflung ins Schwitzen.

Endlich tauchten Häuser vor mir auf, und ich vermutete, daß ich in die Stadt einfuhr. Kein Schild hatte darauf hingewiesen, und auf der Straße, auf der ich mich befand, konnte ich niemanden fragen, weil kein Mensch zu sehen war. Ich war in eine Wohngegend geraten, wo die Einfamilienhäuser einander so ähnlich waren, wie in amerikanischen Städten

Einfamilienhäuser einander eben ähnlich sind. Und auf den Straßen, durch die ich fuhr und die einander auch alle haargenau glichen, war niemand zu sehen, weil ja in einer amerikanischen Wohngegend kein Mensch zu Fuß geht. Dort geht man nirgends hin, sondern man fährt wohin. Es war Viertel nach vier, als ich einem Auto begegnete, und ich vergewisserte mich bei dem Fahrer, daß dies die Stadt sei, und ich fragte ihn nach dem Weg zur Universität. Den aber kannte er nicht. Er hatte zwar schon davon gehört, daß es in der Stadt eine Universität gebe, aber wo diese sei, hatte er bisher noch nie Anlaß gehabt festzustellen. „It must be somewhere the other end of town", meinte er. Und damit hatte er wohl recht, denn wenn sie nicht an diesem Ende der Stadt war, mußte sie wohl am anderen sein. Und so irrte ich von einem Ende zum anderen, und meine Uhr zeigte auf halb fünf.

Nach weiteren vergeblichen Versuchen, den Weg zu erfragen, fand ich die Universität von selbst. Das heißt, bei meinem Umherirren war ich unversehens mitten auf den Campus geraten. Aber das nützte jetzt nichts mehr. Meine Uhr zeigte auf Viertel vor fünf, und im Hörsaal hätte niemand eine dreiviertel Stunde auf mich gewartet. Ich hielt an, und aufblikkend sah ich, daß die Turmuhr auf dem Campus Viertel vor vier Uhr zeigte. Ich vergewisserte mich bei vorübergehenden Studenten nach der Zeit. „It's quarter to four", bestätigten sie mir. Und da dämmerte es mir, daß ich auf dem Weg nach Westen irgendwo die Zeitgrenze überschritten und so eine Stunde gewonnen hatte. Nach hiesiger Zeit war ich nicht eine dreiviertel Stunde zu spät gekommen, sondern war eine viertel Stunde vor der Zeit da. Ich wischte mir den Angstschweiß von der Stirn. Ich war von meinem Alpdruck erlöst.

Sieben zu eins

Da wird gesagt, Amerika werde immer schwärzer. Aber dem ist nicht so. Da hört man, es seien sogar in der Hauptstadt Amerikas drei Viertel der Bevölkerung schwarz, und Washington habe einen schwarzen Bürgermeister. Das stimmt, aber warum das Wörtchen „sogar"? Das Verhältnis von Weiß zu Schwarz bleibt, wie es ist. Von acht Amerikanern sind sieben weiß, und einer ist schwarz. Nur ist das eben ein Durchschnitt, der für das Land insgesamt gilt. In bestimmten Teilen der Staaten ist das Verhältnis anders als sieben zu eins, und es gibt Orte, wo ausschließlich Weiße oder ausschließlich Schwarze wohnen. Ja, sogar auf den Friedhöfen mögen die Weißen unter sich begraben werden und die Schwarzen unter sich; das hängt davon ab, woher einer kommt, als er noch lebendig war, in welcher Stadt er wohnte oder in welchem Teil der Stadt, und wieviel Weiße da wohnten oder wieviel Schwarze. Wenn das Verhältnis beispielsweise in Washington, D. C., nicht sieben Weiße zu einem Schwarzen ist, sondern drei Schwarze zu einem Weißen, muß sich das, was für die lebendigen Bewohner gilt, auch auf den Friedhöfen niederschlagen.

Betrachten wir einmal die Hauptstadt Amerikas für das Verhältnis von Schwarz zu Weiß. Übrigens steht die Abkürzung D. C. für District of Columbia. Dieser Distrikt gehört zu keinem Staat, sondern ist in Grenzen, die sich nicht ändern, für die Hauptstadt reserviert. Nördlich dieses Distrikts am Fluße Potomac dehnt sich der Staat Maryland aus, südlich davon Virginia. Einstmals war das Gebiet des Distrikts recht groß für die Einwohnerzahl von Washington. Aber die Hauptstadt zog immer mehr Menschen an, und wogegen

Hunderttausende im Distrikt Platz finden konnten, galt das nicht mehr für die Millionen, die jetzt mit Washington verbunden sind. Die meisten von ihnen wohnen nun in Orten, die man insofern nicht leicht als Vororte oder „suburbs" von Washington bezeichnen kann, als sie sich ja über die Staaten Maryland und Virginia verteilen. Während dort schöne Gartenstädte entstanden, verkamen die Wohnviertel innerhalb der Hauptstadt zu Slums, und dahin zogen immer mehr Schwarze, und wo die Hauptstadt am häßlichsten ist, wohnen ausschließlich Schwarze. Da nun Washington zwar großartige Avenuen mit eindrucksvollen Regierungsgebäuden hat, aber nicht mehr viele schöne Wohnhäuser mit prächtigen Gärten, wie man sie in den „suburbs" findet, ist die große Mehrheit der Wohnbevölkerung der Hauptstadt schwarz. Mit Sicherheit bleiben wird in Washington freilich ein sehr schönes Haus, nämlich das Weiße Haus, wo der Präsident der Vereinigten Staaten wohnt, und auch der bleibt mit Sicherheit weiß; denn von den sieben Weißen unter acht Amerikanern wird so gut wie keiner einen Schwarzen zum Präsidenten wählen; und auch dies mit Sicherheit.

Das geht alles durchaus mit rechten Dingen zu, denn in einer Demokratie entscheidet die Mehrheit, und da beispielsweise in Washington die Schwarzen in der Mehrheit sind, kann da auch ein Schwarzer zum Bürgermeister gewählt werden, und deshalb ist der Bürgermeister Washingtons schwarz. Doch auch er kann nicht die Wohnverhältnisse in seiner Stadt umkrempeln. Er kann die Schwarzen in den Slums nicht in den schönen Gartenstädten unterbringen, wo die Weißen wohnen. In Amerika sind nämlich die Schwarzen durchschnittlich ärmer als die Weißen, und wo die Häuser schön sind und die Gärten prächtig, sind die Preise entsprechend, und die können sich im allgemeinen nur die Weißen leisten. Darum sind in den allerschönsten Orten wohl auch sämtliche Bewohner weiß, und in den Slums, wo die Armen wohnen, sind sie alle schwarz. Die Hautfarbe ist mit dem Geld verbunden. Je mehr einer hat, desto sicherer ist er weiß, je weniger, desto sicherer schwarz.

Das muß natürlich heißen, daß es auch zu Überschneidungen kommt, daß also manche Schwarzen nicht weniger Geld haben als manche Weißen, allenfalls sogar mehr, und daß daher die wohlhabenderen Schwarzen neben den weniger wohlhabenden Weißen wohnen könnten. Sicher gibt es in manchem Wohngebiet daher auch zu irgendeiner Zeit einmal dieses Verhältnis. Da wohnt also dann ein Schwarzer neben Weißen links und rechts und gegenüber. Aber diese Weißen wollen nicht da wohnen bleiben, wo ein Schwarzer zugezogen ist. Und wogegen es nicht möglich sein mag, den Schwarzen daran zu hindern zuzuziehen, kann man die Weißen nicht daran hindern wegzuziehen, und wo sie auszogen, ziehen andere Schwarze zu, und so wird alsbald diese ganze Gegend schwarz.

Gibt es also eine Rassentrennung in Amerika? Hat der Schwarze nicht genau die gleichen Rechte wie die Weißen? In der Tat kann er an jeder Wahl teilnehmen, und seine Stimme hat genau das gleiche Gewicht wie die Stimme eines Weißen. Das ist so, wie es sich für die Demokratie gehört, und Amerika ist ja die Demokratie par excellence, wenigstens für die Begriffe, die man in den kapitalistischen Ländern hat von der Demokratie. In den kommunistischen Ländern versteht man unter Demokratie offenbar etwas anderes. Aber das geht einen Amerikaner, ob weiß oder schwarz, weiter nichts an. Beide wissen, daß eine Rassentrennung gegen die Gesetze verstößt, seit in Amerika die Sklaverei in allen Staaten abgeschafft wurde. Aber die in die Freiheit entlassenen Sklaven hatten kein Geld, und die weißen Herren hatten Geld, nicht zuletzt, weil sie durch die Sklavenarbeit der Schwarzen reich geworden waren. Besitz aber wird vererbt, wenigstens in einem kapitalistischen Land, und Amerika ist bewußt und betont kapitalistisch. Demokratisch und kapitalistisch gilt da so ziemlich als eins. Wo aber Reichtum erblich ist, da muß Armut ebenso erblich sein. Und da die weiße Hautfarbe so erblich ist wie die schwarze, vererben die Weißen ihren Reichtum zusammen mit der Farbe ihrer Haut, und gleichermaßen erben die Neger ihre Armut mit ihrer schwarzen Farbe.

So also wird es klar, warum auch auf dem Friedhof die

Schwarzen nicht leicht neben die Weißen zu liegen kommen. Wer in einem prächtigen Haus lebte, wird auch in einem prächtigen Grab beerdigt. Da aber schöne Gräber so teuer sind wie schöne Häuser, können sich die Schwarzen die einen so wenig leisten wie die anderen, und so kommt es zu einer Rassentrennung übers Grab hinaus, auch in einer Demokratie oder was man halt in Amerika darunter versteht, und für einen Amerikaner ist Demokratie vor allem das Gegenteil von Kommunismus. In einem kommunistischen Land wird ja Reichtum und Armut nicht so vererbt wie in Amerika, und daher gäbe es da allenfalls nicht einen solchen Unterschied zwischen Weiß und Schwarz. Aber welcher Amerikaner würde denn wollen, daß das Land kommunistisch wird! In Amerika ist der Kommunismus absolut tabu. Wenn da ein Schwarzer für den Kommunismus anfällig wäre, erginge es ihm schlecht! Natürlich nicht wegen seiner schwarzen Farbe; doch wehe den Kommunisten!

Die Indianersprachen leben fort

Sie wurden aus ihrer Heimat vertrieben, die Indianer Nordamerikas, und viele Stämme wurden gänzlich ausgerottet, aber ihre Sprachen leben weiter in den USA, nämlich in unzähligen Namen von Gebieten und Orten. Ein Amerikaner denkt nicht an die Urbevölkerung des Landes, wenn ein Ort so exotisch klingt wie Manitowoc in Wisconsin oder Oktobbeha in Mississippi, und doch sind das unverkennbar indianische Namen. Da mag einer auf seiner Fahrt durch das gewaltige Land immer wieder Ortsnamen begegnen wie Chattahoochee in Florida oder Pottawatomie in Oklahoma, ohne daran zu denken, daß es Indianer waren, die diesen Orten ihre Namen gaben. Ob Tehachapi in Kalifornien oder Cuyapaipe in Arizona, es gibt keinen Staat der USA, in dem man solchen Ortsnamen nicht immer wieder begegnet.

Rund die Hälfte der fünfzig Staaten, welche die USA ausmachen, tragen indianische Namen, zum Beispiel: Alabama, Arkansas, Connecticut, Idaho, Illinois, Iowa, Kentucky, Massachusetts, Michigan, Mississippi, Missouri, Oklahoma, Oregon, Texas, Tennessee, Utah, Wisconsin, Wyoming und mehrere andere. Man spricht die Namen aus, ohne sich zu fragen, welche Bedeutung diese Wörter haben, und sowieso weiß fast niemand etwas darüber zu sagen; nur der Klang der Sprache lebt fort. Spricht man nun gar noch die Namen solch wohlbekannter amerikanischer Städte aus wie Chicago, Miami, Milwaukee, Omaha, um nur ganz wenige zu nennen, dann läßt sich sagen, daß man in Amerika zwar so gut wie keine Indianer mehr sieht, daß aber die Wörter ihrer Sprache nun in aller Leute Munde sind.

Die indianischen Namen, die wir so schreiben, wie wir sie kennen, sind freilich englische, französische oder spanische Verballhornungen von Wörtern, die von den Indianern selber nur gesprochen, aber nicht geschrieben wurden, denn eine Schriftsprache hatten diese Indianerstämme ja nicht. Die europäischen Kolonisten buchstabierten die Wörter so, wie sie ihnen im Ohre klangen gemäß ihrer eigenen Sprache.

Die vielen Indianerstämme Nordamerikas hatten nicht nur verschiedene Sprachen, sondern innerhalb dieser Sprachen auch verschiedene Dialekte, und alle sind sie durch die Ortsnamen ebenso erhalten geblieben wie die Namen der Stämme selbst, auch wenn es diese Stämme jetzt nur noch in kümmerlichen Resten oder gar nicht mehr gibt, die Mohikaner, Tschippewaer, Sioux, Apachen, Athapasken, Seminolen, Schoschonen, Komantschen, Hopi, Irokesen, um auch hier wieder nur ganz wenige zu nennen.

Wie unterschiedlich die Sprachen der Indianerstämme waren, erkennt man, wenn man sich die Ortsnamen in verschiedenen Staaten näher betrachtet, denn diese Gebiete wurden ja jeweils von sprachlich verschiedenen Stämmen bewohnt. Nehmen wir beispielsweise den Staat Minnesota, wo die Cheyenne-Indianer lebten, so finden wir Ortsnamen mit Endungen wie Itasca, Kasota, Minnetonka, Owatonna, Wabasha, Waseca. Im Staate Alabama dagegen, wo die Maskoki-Indianer lebten, gibt es Namen, deren Endungen mit etwas vollerem „a“ ausgesprochen werden, was in der englischen Schreibweise also mit „aw“ wiedergegeben wird, zum Beispiel: Chickasaw, Choctaw, Eutaw, Saginaw. Im Staate Massachusetts, wo die Algonkin zu Hause waren, gibt es häufig Endungen von Ortsnamen wie Acushnet, Cohasset, Mattapoisett, Nabnasset, Pocasset. Und in Connecticut, wo man ins Gebiet der Mohikaner kommt, gibt es Endungen wie Naugatuck, Pawcatuck, Pequabuck, Poquonock, Wequetequock.

Was all diese Wörter bedeuten, kann man, wenn man es schon nicht mehr weiß, allenfalls noch rekonstruierem. Wir wissen auch, was die Namen der Stämme bedeuten, die sich die Indianer selber gaben oder die sie von anderen Stämmen bekamen. So schien es beispielsweise anderen Stämmen, daß die Cheyenne-Indianer „unverständlich sprechen“, denn das ist die Bedeutung von „Cheyenne“. Die „Apachen“ dagegen waren für andere Indianerstämme die „Feinde“, wie die „Seminolen“ für andere die „Wilden“ waren, oder die „Hopi“ für wieder andere die „Friedlichen“, und die „Illinois“-Stämme waren einfach auch für sich selbst die „Menschen“, und die „Komantschen“ waren die mit der „Skalplocke“. Und die „Omaha“-Indianer sind diejenigen, die „gegen den Strom gehen“. Oder die Stämme mochten ihre Namen vom Ort ihrer Herkunft haben wie beispielsweise die „Oneida“-Indianer, denn das heißt „stehender Fels“, und die „Athapasken“ kamen daher, wo es „Gras hier und da“ gab. Und so beschreiben die indianischen Ortsnamen solche Eigenschaften: „Massachusetts“, der Name des Staates also, bedeutet „großer Hügel“, und „Alabama“ bedeutet „hier ruhen wir“. Der Staat „Mississippi“, der den Namen des gewaltigen Flusses trägt, heißt „Vater der Gewässer“, und „Missouri“, der Name des großen Nebenflusses, von dem auch der Staat seinen Namen hat, bedeutet „Schlammfluß“; nur denkt daran kein Mensch, wenn er den Namen des Staates Missouri ausspricht.

So werden also diese unzähligen indianischen Wörter täglich von vielen Millionen Menschen im Munde geführt, von viel mehr Millionen, als es je Indianer in jenen Gegenden gab. Die Indianerstämme, von denen all diese Wörter kommen, mögen nicht mehr am Leben sein, aber bei den Amerikanern, die das angestammte Land der Indianer jetzt bewohnen, lebt deren Sprache fort.

Sprechen Amerikaner englisch?

Auch wer der englischen Sprache nicht mächtig ist, meint zu erkennen, daß Amerikaner und Briten nicht die gleiche Sprache sprechen. Jedoch gebrauchen die Leute im allgemeinen ja nicht die Hochsprache. Ist diese aber nicht die gleiche englische Hochsprache in Amerika wie in Großbritannien?

Eine Sprache erhält ihren Charakter von den Menschen, die sie sprechen. In den USA wurden die Menschen durch andere Einflüsse geprägt als in Großbritannien, und in den verschiedenen Teilen Amerikas herrschten jeweils wieder unterschiedliche Einflüsse vor. Daher entwickelten die Amerikaner in den verschiedenen Staaten andere sprachliche Eigenarten oder Dialekte. Man braucht auch mit dem amerikanischen Englisch nicht eng vertraut zu sein, um die zwei Hauptgruppen der amerikanischen Mundarten zu erkennen. Die Nordstaaten und die Südstaaten, die um die Mitte des vorigen Jahrhunderts einen blutigen Bürgerkrieg gegeneinander austrugen, sprachen auch eine andere Sprache. Es ist überraschend, wie schnell in der verhältnismäßig kurzen Zeit, seit sich die ersten englischen Siedler 1607 im Staate Virginia niederließen, diese Dialektgruppen auseinander drifteten, und auch heute entwickeln sie sich trotz dauernder Kommunikation durch die Medien in der eingeschlagenen Richtung fort.

„Southern drawl" nennt man das südstaatlich schleppende Reden, bei dem die Worte wie Brei aus dem Munde quellen. Unverkennbar ist der „Southern drawl" auch an der Aussprache des „i", wenn es im Englischen wie unser „ei" ausgesprochen wird; das klingt beim Südstaatler wie ein gedehntes

„ah"; also klingt „I like it" nicht wie „Ei leik it", sondern wie „Ah lahk it", und „mighty fine" klingt wie „mahty fahn", und das mit einem ausgedehnten Singsong, so daß man glauben könnte, der „Southerner" wolle einen damit in Schlaf lullen und schlafe beim Reden selber noch ein.

Freilich entwickelten die Südstaaten untereinander wieder ihre eigenen Dialekte. In Mississippi spricht man anders als in Texas, in Tennessee anders als in Alabama. Und so ist das auch im Norden. In Connecticut spricht man anders als in Massachusetts, im Mittelwesten spricht man in Kansas anders als in Nebraska. Manchmal haben auch die großen Städte ihren eigenen Dialekt. Wie es in Europa typische Dialekte gibt für London oder Paris oder Berlin, so in Amerika für New York, Boston und so weiter. Am auffälligsten für New York ist wohl die Aussprache des „ir" wie in „dirty" oder „thirty", das da wie „oi" klingt, und da das „th" dazu noch wie „d" ausgesprochen wird, klingen beide, „dreißig" und „dreckig" zum Verwechseln ähnlich wie „doity".

Die Entstehung all dieser amerikanischen Dialekte in so kurzer Zeit hat verschiedene Gründe. Von Anfang an wurden die verschiedenen Staaten auch von Menschen verschiedener englischer Herkunft besiedelt, und die brachten aus ihrer Heimat schon verschiedene Dialekte mit. Dann waren da oder dort auch andere Europäer die ersten Kolonisatoren, beispielsweise die Spanier in Florida, die Franzosen in Louisiana; oder die Deutschen ließen sich besonders in Staaten wie Pennsylvanien und Wisconsin nieder, die Skandinavier in Minnesota, und das erkennt man nicht nur an den Namen vieler Ortschaften, sondern das färbte auch ab auf die Sprache, die dort gesprochen wurde, also auf die Aussprache des Englischen, auf den Akzent, auf die Intonation.

In Amerika, wie überall sonst auch, entwickeln sich die Dialekte besonders auf dem Lande; denn da ist die Isolation am stärksten. Die USA wurden in erster Linie von Menschen besiedelt, die das Land bebauten. Natürlich wird die Landbevölkerung am meisten beeinflußt von der Landschaft und ihrer Vegetation. Ein Farmer im Staate Georgia, der Erdnüsse anpflanzt, lebt anders als einer im Staate Iowa, der Mais anbaut. Das Fleisch der Schweine, die da mit Erdnüssen, dort mit Mais gemästet werden, schmeckt anders. Die Farmer, die sich hier so und da anders ernähren, sehen anders aus, und sie reden auch anders. Nicht zuletzt deshalb ist es, daß jeder der fünfzig Staaten der USA seinen spezifischen Dialekt entwickelte.

Das Volk spricht nicht die Hochsprache, aber die Hochsprache lebt von der Sprache des Volkes, und so gehen auch die Dialekte zum Teil in die Hochsprache ein, wie der Jargon bestimmter Gruppen, beispielsweise der Militärs oder der Studenten, oder wie die sprachlichen Eigenarten rassischer Minderheiten, in den USA besonders der Neger, schließlich zum Teil in die Hochsprache eingehen. Es gibt eine amerikanische Hochsprache, die anders ist als die Hochsprache, die man in England spricht. Amerikanisches Englisch klingt vergleichsweise gegurgelt und grob. Wenn ein Amerikaner dagegen das Englisch eines Engländers hört, so reizt es ihn zum Lachen. Hört er dieses Englisch aber von einem amerikanischen Landsmann, dann findet er es weniger amüsant als geziert, und er denkt wohl: Bei dem stimmt etwas nicht. Da nun kaum einer sich dem Verdacht aussetzen möchte, daß bei ihm etwas nicht stimmt, reden die Amerikaner, auch wenn sie die Hochsprache sprechen, betont amerikanisch, zumal sie so stolz darauf sind, Amerikaner zu sein.

[illegible]

[illegible] Sprache [illegible] der Lutherbibel [illegible] Studenten [illegible] [illegible]

Kultur
in amerikanischer
Reinkultur

Bildung für jedermann

Wie die Amerikaner gern alles im großen betreiben, so auch die allgemeine Bildung. Die typischen Amerikaner sind Akademiker. In den USA gibt es ja buchstäblich Tausende von Hochschulen, die das ganze Land überziehen, und wo immer man wohnt, eine ist bestimmt nahebei.

Wie es zu dem Riesenwachstum an Bildungsstätten kam, läßt sich an der University of California zeigen, die aber nur beispielhaft dafür ist, was in allen anderen Staaten geschah. Angefangen hat die University of California in Berkeley, das gegenüber San Francisco auf der anderen Seite der Bucht gelegen ist. Als sich vor Jahrzehnten zeigte, daß die Zahl der Studenten zu stark anstieg, um in Berkeley untergebracht zu werden, wurde ein Zweig der Universität im zweiten Hauptzuzugsgebiet der Universität gegründet, nämlich im dicht bevölkerten Süden des Staates, also in Los Angeles. Bald kam es zu weiteren Ablegern; ein College in Santa Barbara wurde übernommen und allmählich zur Universität ausgebaut; dann wurde ein Zweig der Universität, nämlich die Landwirtschaftliche Hochschule in Davis, nahe der Hauptstadt Sacramento, ebenfalls zur Volluniversität entwickelt, um die wachsende Zahl der Studenten unterzubringen. Für den einzelnen Campus wurde eine Höchstzahl von etwa dreißigtausend Studenten festgesetzt. Wenn vorauszusehen war, daß diese Zahl innerhalb einiger Jahre erreicht würde, machte man sich daran, einen weiteren Ableger der Universität in einem anderen Zuzugsgebiet zur Volluniversität zu entwikkeln, etwa die Experimentierstation für Citrusfrüchte in Riverside am Rande der Wüste. Ebenso wurde das Ozeanographische Institut in La Jolla bei dem zur Millionenstadt gewordenen San Diego zu einer regelrechten Universität erweitert. Außerdem kam es zur Gründung ganz neuer und rasch wachsender Zweigstellen in Irvine und Santa Cruz. Lauter Volluniversitäten, und auch die waren alle bald voll.

Als die University of California dergestalt aus den Nähten platzte, war sie keineswegs die einzige Universität im Staate Kalifornien. Es gab eine ganze Reihe anderer Hochschulen, darunter so berühmte wie die Stanford University in Palo Alto bei San Francisco und das California Institute of Technology in Pasadena bei Los Angeles. Und es ließen sich noch mindestens zwei Dutzend kalifornischer Universitäten aufzählen, die ihrerseits immer mehr zu unförmigen Gebilden aufgebläht wurden. Außerdem gab es die State Colleges, die über den ganzen Staat verstreut sind, und bei denen nicht nur nach demselben Wucherungsgesetz aus einem Dutzend zwei und dann drei Dutzend wurden, sondern von denen das einzelne auch schon immer mehr der Universität angeglichen wurde, so daß sie schließlich auch das Recht hatten, Doktortitel zu verleihen. Und alle waren alsbald gerappelt voll.

Damit nicht genug. Unzählige weitere Colleges, die bis zum vierten Jahr des Hochschulstudiums führen, zum Teil aber auch nach einem fünften Jahr Magistertitel verleihen, waren sämtlich überfüllt, mußten immer mehr Studenten aufnehmen und wuchsen und wucherten daher darauf los wie alle anderen Hochschulen.

Zu guter Letzt kamen die sogenannten Junior Colleges, die bis zum zweiten Jahr des Hochschulstudiums führen, deren es sehr viele gibt, und sie waren genauso überfüllt wie alle anderen Colleges. Überall wurden daher neue aufgemacht, die bereits bestehenden erweitert, aus jedem kleinen Campus wurde bald ein großer, aus wenigen Gebäuden wurden viele und größere. Aus Junior Colleges wurden Colleges, aus Colleges wurden Universitäten, in Kalifornien ebenso wie überall in Amerika.

Man fragt sich: „Wer studiert denn alles in Amerika?“ Die Antwort ist einfach: so gut wie alle studieren. Wozu es führt, wenn jeder studiert, liegt auf der Hand. Die Quantität verdrängt die Qualität. Während die Fakultäten immer größer werden, sinkt das Niveau immer tiefer. Gewiß, es gibt berühmte Namen unter den Professoren berühmter Universitäten. Es gibt in Amerika mehr Nobelpreisträger als in irgendeinem anderen Land. Freilich gedeihen auch diese Spitzengewächse im dick aufgetragenen Kulturdünger. Diese Professoren kommen jedoch mit der Masse der Studenten kaum in Berührung. Sie reservieren für sich einige wenige, weit fortgeschrittene Kurse, in denen allenfalls nur Doktoranden sitzen.

Selbstverständlich sind die Universitäten in Amerika so verschieden wie die Studenten. Es gibt kluge und einfältige Studenten, wie es hervorragende und kümmerliche Universitäten gibt. Eine Monstrosität wie die University of California mit ihren vielen Filialen im Staate und einer Anzahl kleiner Ableger sogar in verschiedenen südamerikanischen, europäischen und asiatischen Ländern ist ein besonders krasser Fall unkontrollierter Wucherung. Es gibt Universitäten, die über eine gewisse Größe nicht hinauskommen wollen, die also die Zahl der Studenten beschränken. Es handelt sich dabei fast ausschließlich um private Institutionen, die von Stiftungen unterhalten werden und von denen viele so unbedeutend sind, daß man außerhalb des Kreises ihrer Studenten kaum von ihnen weiß. Ihre Fakultäten sind dürftig, weil kein bedeutender Professor sich mit den geringen Gehältern, die da gezahlt werden, zufrieden geben würde. Da begabte Studenten aber bei den Großen ihres Faches hören wollen, wird eine solche Schule zumeist von den Kindern derer besucht, die vorher da studierten, einfach weil sie von den Eltern hingeschickt werden. Die jungen Leute werden in solchen Schulen weniger für später ausgebildet als einstweilen außerhalb des Elternhauses aufbewahrt.

Das am deutlichsten wahrnehmbare Ergebnis der amerikanischen Bildungswut war jedenfalls das materielle Wachstum der Universitäten. Um jeden Campus entstand buchstäblich eine ganze Stadt. Wo eine Universität einen neuen Campus auftat, war vorher meistens überhaupt noch nichts, nur ödes ungenutztes Land. Eine private Gesellschaft, der dieses Land gehörte, stellte dann der Universität ein großes Gelände davon zu Verfügung, völlig kostenlos, als reines Geschenk. Aber die Gesellschaft, die so freigebig ist, weiß natürlich, daß sich ein so großzügiges Geschenk wie dieses schnell bezahlt macht. Die Professoren und Studenten und das ganze Personal, das zum Universitätsbetrieb gehört, möchten ja nahe beim Campus wohnen. Also wird das Land für diesen Zweck entwickelt, die Grundstücke werden verkauft, Wohnhäuser werden gebaut. Dann möchten alle diese Leute nebst ihren Familien – und in kürzester Zeit handelt es sich um Zehntausende – ihre Einkäufe in der Nähe dieses Wohnviertels machen; also entsteht ein Geschäftsviertel; Tankstellen, Werkstätten, Motels, Restaurants, Läden, Banken, alles, was zu einer Stadt gehört, ist alsbald zu finden. Die Geschäftsleute, die somit von den Universitätsleuten leben, wollen ihrerseits da wohnen, und so weiter. Nicht daß dies bloße Spekulation wäre! Eben das ist immer wieder geschehen. Soundsoviele Universitäten wurden also nicht an einem bestimmten Ort gegründet, sondern soundsoviele Orte an einer bestimmten Universität.

Der akademische Betrieb war also nicht zuletzt ein riesiges Geschäft. Da wurde sehr viel Geld investiert, und die Investitionen lohnten sich. Das ging so weiter, und das wilde Wachstum schien kein Ende zu nehmen. Dann aber kam doch auf einmal die Ernüchterung von diesem Bildungsrausch. Mit den Studenten-Unruhen fing es an. Die Studenten waren es in erster Linie, die gegen das Establishment aufstanden. Die Studenten waren es, die gegen den Vietnamkrieg demonstrierten, die den American way of life insgesamt in Frage stellten. Sie waren es vor allem, die den Behörden und der Polizei zu schaffen machten, ob in Kalifornien oder New York oder sonstwo in den Staaten. Und ob es sich um die staatlichen oder um die großen privaten Universitäten handelte, der Aufstand gegen das Establishment war der gleiche hier wie dort.

Die Studentenunruhen waren eine Überraschung für das Establishment, will sagen, eine Enttäuschung, wurden doch die Universitäten, ob staatlich oder privat, eben vom Establishment so großzügig unterhalten, um nicht zu sagen, so unmäßig verwöhnt. Verschwenderische Summen wurden für die Universitäten ausgegeben, für die Forschung, für Stipendien, für Professorengehälter, für den extravaganten Ausbau der Universität. Und ausgerechnet daher kamen nun all diese Revoluzzer.

Einige Zeit war das Establishment ratlos. Dann aber rächte es sich. Man sagte sich schlechterdings: „Sollen wir den Aufstand gegen uns auch noch finanzieren?" Und die Regierungen der einzelnen Staaten hatten auf einmal dringlichere Ausgaben als solche für die Staatsuniversitäten. Die Departments in Washington, die für die Universitäten alljährlich höhere und höhere Summen zur Verfügung gestellt hatten, wendeten sich ebenfalls vorrangigen Problemen zu und von den Wünschen der Universitäten ab. Die privaten Geldgeber, denen manche Universitäten den Großteil ihrer Einkünfte verdankten, machten nun nicht mehr so viel locker; der Aufstand gegen das Establishment wurde nicht mehr von den Betroffenen bezahlt.

Da legte sich der Aufstand bald. Aber das Establishment blieb den ernüchterten Studenten gegenüber mißtrauisch und verärgert. Statt daß die Regierenden gleich wieder in die Tasche griffen, rückten sie eher noch weniger heraus. Inzwischen war die wirtschaftliche Lage in Amerika sowieso schlechter geworden, so daß nicht viel Geld für Luxus übrigblieb, und von dem Universitätsluxus hatte man wenig Spaß gehabt.

Nun schwoll die Zahl der Studenten nicht mehr an. Für viele Studenten gab es ja keine Stipendien mehr, und selber konnten sie das Studium oftmals nicht bezahlen. Diejenigen, die ihr Studium fortsetzten, vor allem die Doktoranden, taten es unter großen Schwierigkeiten, und wenn sie promovierten, hörte ihre Karriere damit oft auf. Denn wenn früher das Doktordiplom eine Stelle praktisch garantierte, ob an der

Universität selbst oder in der Industrie, ging jetzt ein beträchtlicher Teil der Diplomierten leer aus. Die Industrie wuchs auch nicht mehr so stark, und die Universitäten stellten kaum neue Dozenten an. Für einen großen Teil der Studierenden lohnte sich die Ausbildung nicht mehr.

Die Professoren hatten ihre eigenen Nöte. Ihre Gehälter wurden zwar nicht beschnitten, aber die allgemeine Teuerung ließ sie von selber kleiner werden. Die Professoren murrten, aber nur sehr leise, denn sie bangten um ihre Stellungen, auch wenn diese ihnen außer dem Professorentitel nicht viel eingebracht hatten, und was in Amerika zählt, ist sowieso nicht der Titel, sondern das Gehalt.

Das Gehalt eines Universitätsprofessors reicht in Amerika an das eines Arbeiters oft nicht heran. In der Tat, was in einem kommunistischen Staat wie der Sowjetunion undenkbar ist, daß nämlich das Einkommen eines Universitätsprofessors niedriger ist als das eines Hafenarbeiters, das ist im kapitalistischen Amerika gang und gäbe. Freilich gehört der kümmerlich bezahlte Professor nicht der Fakultät von Harvard oder Yale oder Princeton an. Er ist Professor auf einer mittelmäßigen Universität, aber eben diese sind wegen ihrer Durchschnittlichkeit für den akademischen Betrieb typisch. Ist ein solcher Universitätsbetrieb weit von einer großen Stadt entfernt auf dem Land, beispielsweise im Mittelwesten, kann es vorkommen, daß der Professor nicht nur auf seinem Professorenstuhl sitzt, sondern einen Teil der Zeit begibt er sich allenfalls auf den Sitz eines Traktors, um das Land zu beackern. Und in der Stadt sitzt der eine oder andere auch im Fahrersitz eines Taxis, um seine akademische Existenz finanziell zu verbessern. Das ist natürlich nicht die Regel, aber es kommt vor, und wo es vorkommt, braucht man dennoch die Betroffenen nicht zu bedauern. In Amerika sind Professoren sowieso oft nur eine Generation vom Arbeiter oder vom Bauern entfernt, und so verhält es sich bei all den andern Akademikern; welcher Herkunft sie auch sind, eine College-Bildung haben ja ungefähr alle, ob männlich oder weiblich. Wer sie nicht hat, muß schon ein „Hillbilly“ sein, ein Hinterwäldler aus West Virginia oder so, obgleich es Colleges auch dort noch gibt im finstersten Hinterwald.

Was immer einer auf dem College gelernt hat, dieses oder jenes, ungefähr alles oder ungefähr nichts, was zählt, ist vor allem, zu wieviel Geld er kommt, wenn er mit dem College fertig ist und wenn somit für ihn der Ernst des Lebens beginnt. Ein Universitätsprofessor verdient nicht viel Geld, und deshalb steht er in Amerika nicht so hoch in der Achtung seiner Mitmenschen wie in Europa, wo er unter allen Berufen auf ungefähr der höchsten Stufe rangiert. Was er im Kopf hat, zählt nicht soviel wie das, was er in der Tasche hat. So hörte ich in Amerika auf einer Cocktail-Party einmal, wie ein reicher Geschäftsmann, der sich mit einem anderen Gast unterhielt, diesen nach seinem Beruf fragte und auf des anderen Antwort, er sei Universitätsprofessor, die Meinung äußerte, dafür sei der andere doch zu gescheit, er gehöre ins Geschäft. Wörtlich also sagte er zu ihm: „You are too smart to be a university professor. You ought to be in business!"

Von Doodads, Dingsbums und Do-it-yourself

Warum bloß sind die Amerikaner den Europäern in der Technik so weit voraus? Um darauf eine Antwort zu geben, sollten wir uns die Do-it-yourself-Gewohnheiten der Amerikaner etwas genauer betrachten, also dieses Selber-alles-machen, das allgemeine Gebastel, das auch zu neuen „gadgets" führen kann, zu so Apparätchen, zu irgendeinem „doodad", also einem Dingsbums, zu einer Erfindung, zu irgend etwas Neuem.

Das Do-it-yourself hat in Amerika viel Tradition. Alles selber tun mußten ja auch die ersten Siedler, die sich im Lande hier und da und dort niederließen, und dann die Pioniere, die immer weiter nach Westen zogen. Da war es eine Selbstverständlichkeit, daß jeder alles selber machte; denn man konnte ja keine Handwerker rufen, die diese und jene Arbeit für einen taten. Da mußte jeder alles können, das Land beackern, ein Blockhaus bauen, einen Planwagen zusammenzimmern oder ihn wieder instandsetzen, wenn er auf dem unwegsamen Gelände in die Brüche ging. Da wurde an dem Wagen herumgebastelt, bis er wieder lief, wie auch jetzt ein Amerikaner gern selber an seinem reparaturbedürftigen Wagen bastelt, bis er wieder läuft, vielleicht besser als zuvor. Bei den Siedlern und Pionieren war jeder sein eigener Handwerker aus Notwendigkeit oder aus Not. Und Not macht erfinderisch. Und eben darum haben bei den Amerikanern die Erfindungen viel Tradition.

Seit Benjamin Franklin 1752 den Blitzableiter erfand, gab es in Amerika immer mehr berühmte Erfinder, und es ist kein Zufall, daß der Erfinder par excellence, nämlich Thomas

Alva Edison, ein Amerikaner war. Nicht nur die Glühbirne hat er erfunden, sondern auch das Kohlekörner-Mikrophon und den Phonographen und den Kinetographen und den Generator für elektrischen Strom und das Betongußverfahren und noch soundsoviel anderes, was nützlich ist, bis er es schließlich auf etwa zweitausend Patente brachte. Sein Leben lang hat der Mann gebastelt, und das hat sich gelohnt.

Lohnen muß es sich natürlich, sonst kann sich ein Amerikaner schwerlich für etwas begeistern. Was er tut, muß praktisch sein, nützlich, zweckmäßig, brauchbar. Es muß Geld sparen oder, noch besser, Geld einbringen. Dann erst macht das Basteln Spaß, und das Do-it-yourself gibt um so mehr Sinn, wenn man in Dollars und Cents berechnen kann, wie gewinnbringend es ist. Wenn man einen Amerikaner sonntags unter seinem Auto liegen und daran herumfummeln sieht, oder wenn man sieht, wie er sein Haus anstreicht, kann man sicher sein, daß er auch daran denkt, welchen finanziellen Gewinn ihm das bringt. Und auch wenn er mit all seinen Do-it-yourself-Werkzeugen zu Hause in seiner Werkstatt sitzt und an etwas herumbastelt, glaubt er wohl, es für irgend etwas gebrauchen zu können, und man weiß nie, ob nicht etwas dabei herauskommt, was sich zu Geld machen läßt. So bastelte ja auch George Eastman in seiner Werkstatt herum und erfand 1888 seinen Photoapparat mit dem Rollfilm, und dann hat er davon seine Eastman Kodak Company aufgebaut und ein riesiges Vermögen verdient.

Auf dieselbe Weise hat sich das Do-it-yourself ja auch für Henry Ford gelohnt. Nachdem er sein erstes Auto schon 1892 konstruiert hatte, bastelte er weiter daran herum, bis er zu seiner Fließbandmethode kam und damit Autos praktischer zusammenbastelte als sonstjemand, und dadurch hat er es mit seiner Ford Motor Company so weit gebracht, wie man es auf dieser Welt bringen kann.

Kein Wunder also, daß die Amerikaner in der Technik führen. Und wie sich jetzt die Computer aus Amerika über die Welt ergießen, so werden noch viele technische Neuerungen dort ausgeknobelt werden, immer mehr und immer schneller. Als Orville Wright mit seinem Bruder Wilbur in Amerika das erste Motorflugzeug zusammenbastelte, schrieb man das Jahr 1903, und danach bastelten die Amerikaner an immer mehr und immer neuen Flugzeugen herum, bis sie achtzig Jahre nach jenem ersten Motorflug ihre Raumfähren in den Weltraum schossen, und wenn man sieht, womit diese ausgerüstet sind, mit wieviel Apparaten, Instrumenten, gadgets, doodads, die alle nötig sind, damit das Ganze funktioniert, dann brauchen die Europäer gar nicht erst zu versuchen, es den Amerikanern nachzumachen; da kommen sie längst nicht mehr mit.

Was hat der Mais mit dem Auto zu tun?

Sie wissen es: Wenn eine gewisse Reaktion andere der gleichen Art auslöst, dann ist das eine Kettenreaktion, die auch im Kreis verlaufen kann, und wenn ich an einen Punkt dieses Kreises ein amerikanisches Auto setze, dann an den diametral entgegengesetzten den Mais. Das aber führt zur folgenden Frage:

Warum konnten sich die Kleinwagen in Amerika ebensowenig durchsetzen wie die riesigen amerikanischen Schlitten bei uns? – Nun, das europäische Grundnahrungsmittel ist der Weizen, und das amerikanische ist der Mais. Der Mais aber führt, wie wir gerade sahen, bei unserer im Kreis geschlossenen Kettenreaktion zu jenem riesigen amerikanischen Schlitten, ja, er muß dazu führen, und wir können im einzelnen genau erklären, warum.

Unser Getreide hat kleine Ähren, an denen kleine Körner sitzen. Der in Amerika einheimische Mais dagegen hat eine so riesige Ähre, daß man sie als Kolben bezeichnet, und daran sitzen entsprechend riesige Körner. Wenn ein Amerikaner für seine Mahlzeit einen solch gewaltigen Kolben zwischen die Zähne nimmt und die großen Körner herunterraspelt, ist er jedoch nicht davon schon satt, sondern er macht sich damit nur Appetit für den Puter, den er daneben verspeist. Der Puter aber, also das in Amerika einheimische Geflügel, das von vornherein schon mehrmals so groß ist wie die bei uns einheimischen Hühner, wurde seinerseits mit den enorm großen Maiskörnern gemästet, und dadurch geht ein Puter derartig auf, daß er seine dreißig Pfund Schlachtgewicht in den Bratofen bringt.

Fragen Sie sich nun selbst, wie groß ein Bratofen sein muß, der einen dreißigpfündigen Puter in sich beherbergen kann. Selbstverständlich muß der viel größer sein, als die Bratöfen unserer Küchenherde sind, und da ein so großer Bratofen in keinem kleinen Küchenherd Platz finden kann, sind in Amerika die Küchenherde so groß, und da sie dazu noch mit allen elektrischen und elektronischen Schikanen ausgestattet sind, entsprechen sie in etwa der Schaltstelle eines Atomkraftwerks. Ein solch gewaltiger Apparat paßt aber nur in eine sehr große Küche. Deshalb sind die Küchen in Amerika so groß, daß sie nur in einem großen Haus Platz finden, und da die Proportionen des Hauses gewahrt werden müssen, hat ein amerikanisches Haus auch eine sehr große Garage.

Die sehr große Garage nun ist die Stelle in unserer Kettenreaktion, wo wir zum Auto kommen. Sicher ist es jedem klar, daß man in eine so große Garage keinen Kleinwagen hineinstellen kann, denn der sähe darin aus wie eine Kellerassel, und wenn auch in Amerika die Kellerasseln größer sind als bei uns, verlangen sie nicht nach großen Garagen, sondern im Gegenteil, große Garagen verlangen nach einem Wagen, der die Proportionen amerikanischer Größe wahrt, und deshalb steht darin so ein riesiger Schlitten.

Da wir es mit einem geschlossenen Kreis zu tun haben, können wir die Kettenreaktion, die beim Mais begann, natürlich auch über den Amerikaner weiterleiten, der sich von jenen großen Maiskolben ernährt, außerdem aber auch von dem mit Mais gefütterten Puter, und dadurch wird die Größe amerikanischer Menschen doppelt mit Mais potenziert. Ein solcherart potenzierter Amerikaner paßt aber in keinen Kleinwagen hinein, sondern er bedarf jenes riesigen Wagens, den er in seiner Garage hat, und somit schließt sich bei dieser Kettenreaktion der Kreis am Punkte des enorm großen Autos ebenso wie am diametral entgegengesetzten Punkte bei dem enorm großen Mais.

Von der Erde, dem Schaukelstuhl und Mobile homes

„Eppur si muove", soll Galilei gesagt haben, als er der kopernikanischen Weltanschauung abschwören sollte, daß sich die Erde um die Sonne bewegt: „Und doch bewegt sie sich." Aber was sich außer der Erde sonst noch alles bewegt, besonders in Amerika, ist noch unglaublicher, als daß sich die Erde bewegt. In Amerika bewegen sich nämlich täglich unzählige Häuser von einem Ort zum andern, wie man feststellen kann und daher glauben muß, wenn man auf der Fahrt durch das riesige Land immer wieder solchen „Mobile homes" auf den Highways begegnet.

Anstatt bei einem Umzug aus einem Haus auszuziehen und in ein anderes einzuziehen und dabei ein Haus auszuräumen und ein anderes wieder einzuräumen, machen es sich immer mehr Amerikaner leicht, indem sie das ganze Haus umziehen, das heißt, es auf Räder setzen und anderswohin fahren mit allem, was daran und darum und darinnen ist, um es dann an seinem neuen Standort wieder abzusetzen. Sowieso ziehen nämlich viele Amerikaner immer wieder um, nicht so sehr innerhalb eines Ortes wie von einem Staat zum andern, allenfalls vom Atlantik zum Pazifik, und selbst das macht man mit einem solchen beweglichen Heim.

„Wide load" steht warnend auf den zugkräftigen Gefährten angeschrieben, die solche Häuser auf den Highways durch die Staaten ziehen, Häuser komplett mit allen Zimmern, mit Küche und Bad, mit der ganzen Einrichtung, die zu einem amerikanischen Heim gehört, mit Einbauschränken, Teppichböden, Vorhängen, Betten, Tischen, Stühlen, Sesseln, einschließlich Schaukelstuhl; der gehört so gut wie immer auch zu einem amerikanischen Heim.

Früher zogen die Amerikaner in Planwagen durch das weite Land. Vom Anfang ihrer Geschichte an waren sie wie die Nomaden, die immer in Bewegung sind. Bewegung und Beweglichkeit gehören zum amerikanischen Lebensstil. Darum ist das Mobile home etwas sehr Amerikanisches, auch wenn es viel mehr steht als fährt. Aber während es an seinem zeitweiligen Standort bleibt, hat man ja das Auto, mit dem man sich im näheren Umkreis fortbewegt, und zwar nicht nur, weil man muß, sondern weil man will. Auch wenn man das Auto am Sonntag für eigentlich gar nichts braucht, heißt es: „Let's go for a ride", und man fährt nicht wohin, um dies oder das zu sehen, zumal es meistenorts sowieso nichts zu sehen gibt; man fährt nur so, um zu fahren; man fährt, um das Gefühl zu haben, daß sich etwas bewegt.

Und wenn man wieder zurückkommt von der Autofahrt, zurück ins Mobile home, das nun auch bloß wo steht, dann braucht die Bewegung damit trotzdem nicht aufzuhören. Dann setzt man sich in seinen Schaukelstuhl und bewegt sich damit hin und her, vor und wieder zurück. Man sitzt dabei zwar ziemlich still, aber auch im Auto sitzt man still. Gewiß, der Schaukelstuhl bewegt sich nicht vom Fleck, und doch bewegt er sich, oder wie Galilei wörtlich sagte: „Eppur si muove."

Mit einem Schuß Humor

Jetzt will ich Ihnen eine komische Geschichte erzählen. Wenigstens sollte sie komisch sein, handelt sie doch von den sogenannten Comics.

Als ich einmal einige Zeit in einer großen amerikanischen Stadt verweilte, geriet ich in eine Diskussion mit einer Studentin, welche die Comics einer vielgelesenen Zeitung betrachtete. Ich verstand nicht, worüber die Studentin immer wieder lachte. Ich sah in den Comics keinerlei Humor, höchstens arge Albernheit, die über groben Unfug zu greulichen Mord-und Totschlagszenen führte, alles unter dem Namen „Comics", und ich drückte etwas befremdet mein Erstaunen darüber aus, daß die Studentin sich das Zeug so angelegentlich zu Gemüte führte.

Nun, wir Europäer hätten eben keinen Humor, gab die Studentin zurück.

Ich deutete auf ein Bild, wo eine dürftig bekleidete Frau ihren Revolver auf einen Mann abfeuerte. Ob das vielleicht komisch sei, fragte ich die Studentin und mußte mir wiederholt von ihr versichern lassen, ich hätte eben keinen Humor.

Einige Wochen später kaufte ich mir auf der Straße eine Zeitung. Wie immer waren auf der ersten Seite Schlagzeilen mit den jüngsten Sensationsberichten über Mord, Totschlag, Raub und Vergewaltigung. Dergleichen las ich sonst nie, sondern blätterte immer zu den inneren Seiten, auf denen man zwischen weiteren Scheußlichkeiten zuweilen einen kurzen politischen Bericht entdecken konnte. Diesmal aber wurde ich von der ersten Seite gebannt.

Unter der fetten Überschrift „Co-ed shoots her boyfriend" war das Bild eines Mädchens, das von Polizisten abgeführt wurde. Niemand anders als die Studentin mit Humor, die meinen Humor so ernstlich angezweifelt hatte.

Kurz erzählt, war folgendes geschehen: Die Studentin kannte einen jungen Arzt, Assistenzarzt in der Klinik der nämlichen Universität, auf der sie studierte; sie kannte ihn ziemlich genau, will sagen, intim, und verlangte von ihm, daß er sie eheliche. Ihm war jedoch an einer Ehe weniger gelegen. Da fragte sie ihn auf seiner Bude wieder einmal, ob er sie heiraten wolle. Als er ihr nicht die gewünschte Antwort gab, zog sie einen Revolver aus ihrer Handtasche und schoß.

Das war von der gleichen Komik wie in den Comics. Und nun müßte ich warnend den Finger heben und sagen: Seht ihr, das war das tragische Ende der Comics-Sucht! Aber ich kann der Wahrheit zuliebe nicht den weiteren Verlauf der Geschichte verschweigen.

Der junge Arzt war nämlich nicht mausetot. Der medizinischen Kunst seiner Kollegen gelang es, die böse Kugel der humorvollen Studentin aus seinem Körper zu entfernen. Und nun kommt das amerikanische Happy-End, das ich wirklich lieber weggelassen hätte, denn es ist so kitschig wie in einem amerikanischen Kitschfilm dritter Klasse. Doch der Vollständigkeit halber muß ich das Melodrama zu Ende laufen lassen.

Mag sein, daß sich der junge Arzt der Gefahr eines zweiten und besser gezielten Schusses nicht aussetzen wollte; jedenfalls überlegte er es sich jetzt anders. Noch während er im Krankenbette lag, ließ er sich mit der Revolverstudentin trauen, die zu diesem Zweck aus dem Polizeigewahrsam entlassen worden war und nunmehr bittere Tränen der Reue vergoß.

Und die Moral von der Geschichte? Eine Moritat hätte wohl mit der Warnung geendet:

> Wer Comics alle Tage liest,
> gar leicht auf den Geliebten schießt.

Ich begnüge mich mit der Feststellung, daß ich über die Comics nicht lachen kann.

Andererseits sei eingestanden, daß ich über diese erlebte Comics-Geschichte wirklich Tränen lachte. Wir Europäer haben halt unseren eigenen Humor.

Warum man Seifenopern Seifenopern nennt

Eine Seifenoper wird Seifenoper genannt, weil man sie in Amerika als soap opera bezeichnet; denn die Seifenoper ist eine amerikanische Erfindung, die enger mit der Erfindung des Rundfunks verbunden ist als mit der Erfindung der Seife oder der Oper an sich. Da nun eine Oper meistens soviel Melodisches wie Dramatisches enthält, kann man sie auch als Melodrama bezeichnen, und was anderseits so melodramatisch ist wie eine in den USA frei Haus gelieferte Fernsehschnulze, wird da umgekehrt als opera bezeichnet. Somit also bezieht sich die Oper in der Seifenoper auf das Melodrama amerikanischer Familiengeschichten; fragt sich nur noch, worauf sich die Seife bezieht.

Die Seife wird von den Seifenfabrikanten geliefert, die besonders als Sponsoren solcher Melodramen aufgetreten sind; denn in den USA werden diese Schnulzen wie alle Darbietungen im Hörfunk oder im Fernsehen von privater Seite finanziert, weswegen sie auch alle paar Minuten oder wenigstens jede Viertelstunde von einer Reklame unterbrochen werden, die man in Amerika „commercial“ nennt, in diesem Fall also von einer Reklame für Seife. Die Frage aber ist dann immer noch, warum gerade die Seifenfirmen diese Melodramen sponsern.

Die Seifenopern sind auf den Bedarf der amerikanischen Hausfrau zugeschnitten, die ihre Hausarbeit besonders am Vormittag tut, und während sie sie tut, braucht sie besonders zweierlei, nämlich Unterhaltung und Seife. Letzteres braucht eine Amerikanerin mehr als die Frauen anderer Nationalitäten, weil sie mehr als andere auf Sauberkeit bedacht ist, sowohl Sauberkeit der Person als auch Sauberkeit in ihrem Heim, und das geht nicht ohne Seife. Jedes Mitglied der Familie braucht allmorgendlich Seife für das tägliche Bad oder für die tägliche Dusche; und sie, die Hausfrau, die überhaupt alles sauberhält, braucht Seife besonders für die Wäsche, läuft doch die Waschmaschine fast jeden Vormittag; denn da gibt es frische Bettwäsche nicht nur einmal in der Woche oder frische Hemden zweimal, sondern da wird gewaschen und gewaschen, und wo soviel gewaschen wird, braucht man enorm viel Seife.

Man muß sich nur einmal vorstellen, was bei bald 250 Millionen Menschen in den USA der tägliche Verbrauch an Seife beträgt und zu welchem Geschäft das den Seifenfabrikanten verhilft. Nun will natürlich jeder Seifenfabrikant den Großteil des Geschäfts für sich haben, und daraus entwickelt sich eine scharfe Konkurrenz. Da Seife aber über eine gewisse Qualität hinaus nicht mehr besser werden kann und da alle Seifenfabrikanten diese beste Qualität bereits erreichten, bekommt derjenige Seifenfabrikant den Löwenanteil an dem Geschäft, dessen Seifenoper von den meisten Hausfrauen gehört und gesehen wird; denn wogegen sich die Seifigkeit der Seife nicht mehr steigern läßt, kann das Melodrama einer Seifenoper fast unbeschränkt gesteigert werden. Da nun alle Seifenfabrikanten nach diesem Prinzip verfahren, werden diese Melodramen immer melodramatischer. Da bangt die verlobte Tochter der Seifenopernfamilie noch mehr um ihren bis zur nächsten Fortsetzung verschollenen Verlobten, und da weint ihr kleiner Bruder noch mehr über seinen Hund, den er tot glaubt, weil Hunde in Seifenopern großes schauspielerisches Talent aufweisen und sich wunderbar totstellen können. Da kommen jeder mitfühlenden Hausfrau die Tränen, die sie somit den Seifenfabrikanten verdankt, wobei sich allerdings fragt, warum denn beispielsweise die Käsefabrikanten nicht Ähnliches fertigbringen, warum es also nicht auch Käseopern gibt.

Auf diese Frage läßt sich eine Antwort finden. Solche Melodramen werden in der Tat auch von Käsefabrikanten gesponsert, vor allem von denen, die American cheese fabrizieren, also jenen dunkelgelben Käse ohne nennenswerte Löcher, den man in großen Scheiben auf Sandwiches tut, zusammen mit Salatblättern oder mit Erdnußbutter oder mit so großen Wurstscheiben, die man in Amerika „baloney" nennt, oder mit Mayonnaise oder mit all diesen Sachen auf einmal, wenn die Hausfrau sich zum Lunch einen Sandwich macht und dann den American cheese auch auf den apple pie tut oder auf sonst etwas, das sich als Unterlage eignet für American cheese. Man kann also sagen, für American cheese gebe es eine so vielseitige Verwendung wie für Seife, so daß ein Käsefabrikant allenfalls so große Geschäfte mit seinem American cheese machen kann wie ein Seifenfabrikant mit seiner Seife. Nur hatten halt die Seifenfabrikanten schon vor den Käsefabrikanten die Melodramen gesponsert, und darum bezeichnet man diese Schnulzen jetzt als Seifenopern, selbst wenn es Käseopern sind. Wären die Käsefabrikanten die ersten gewesen, dann würde man jetzt die Seifenopern als Käseopern bezeichnen, und deshalb ist es nun egal, ob es sich um eine Käseoper oder eine Deodorantenoper oder eine Puddingpulveroper handelt, man bezeichnet sie allesamt als Seifenopern, auch wenn sie gar keine sind.

Unterm Sternenbanner

Vom Barbier und von der Emanzipation

Irgendwelche Apartheid gibt es in Amerika längst nicht mehr, wie jeder weiß, und wenn wir nun von einer amerikanischen Barbierstube erzählen, so bestätigt das dort belauschte Gespräch zwar nicht unbedingt die Emanzipation der Neger, aber man kann sich ein Bild davon machen; denn Gespräche im barbershop sind aufschlußreich für das, was das Volk empfindet, weil jedermann regelmäßig den Barbier aufsucht, und der ist in Amerika überall leicht zu finden, erkennt man doch einen barbershop dort an der Barbierstange, die spiralig in weißen und roten Streifen bemalt ist und die sich meistens dreht, so daß man schon aus der Entfernung sieht, wo man sich die Haare schneiden und den Bart scheren lassen kann. Wenn es ein größerer Laden ist, stehen drinnen drei oder vier Barbierstühle nebeneinander, und auf jedem sitzt oder liegt ein Kunde, und während der Barbier mit Rasiermesser oder Schere seines Amtes waltet, redet er mit seinem Kunden, und der Kunde redet zurück, und das Wort wird nicht nur in vertikaler Richtung hin und her gespielt, sondern auch horizontal und diagonal zu den anderen Kunden und Barbieren, und wer wissen will, worüber man in Amerika redet, der erfährt das nirgends besser als beim Barbier.

Die Konversationsthemen in der Barbierstube drehen sich um Aktualitäten, und immer aktuell ist das Thema der Negeremanzipation. Es ist zwar weit über hundert Jahre her, daß durch den Bürgerkrieg, den die Südstaaten verloren, auch dort die Sklaverei abgeschafft wurde, aber ob und wie die Neger emanzipiert wurden, darüber redet man nach wie vor im Süden wie im Norden.

Wirklich emanzipiert wurden die Neger durch die Abschaffung der Sklaverei nämlich nicht. Wenigstens in den Südstaaten durften noch in diesem Jahrhundert die Schwarzen in den öffentlichen Verkehrsmitteln nur getrennt von den Weißen sitzen. Und die schwarzen Kinder gingen nicht in die gleichen Schulen wie die Kinder der Weißen, wohnten sie doch sowieso nicht da, wo die Weißen wohnten. Gewiß, nach und nach und mehr und mehr erhielten die Farbigen die gleichen Rechte, aber wenn ihnen etwas auch offiziell gestattet war, konnten sie es dennoch oft nicht tun, und wie ich nun im Barbierstuhl der Unterhaltung über das Thema folgte, wanderten meine Gedanken Jahrzehnte zurück, als ich zum erstenmal mit dem Bus durch Amerika fuhr. Da hatte der Bus in einem kleinen Ort bei einem Restaurant gehalten, damit die Reisenden da etwas essen könnten. Alle gingen in das Restaurant, und schließlich kam auch ein Schwarzer, ein alter grauhaariger Mann, der zuletzt aus dem Bus gestiegen war, denn er hatte ganz allein und ganz hinten im Bus gesessen. Er kam nur bis zur Tür des Restaurants, da wurde er schon weggewiesen. Draußen, hinten bei der Küche, wo die Abfalleimer standen und wo er den Weißen nicht ins Blickfeld geriet, durfte der alte Mann sich auf eine Stufe setzen und essen, wofür er bezahlte.

Diese Momentaufnahme aus einer vergangenen Zeit hatte sich mir ins Gedächtnis eingeprägt, und ich dachte, daß es dergleichen heutzutage nicht mehr gab in irgendeinem der Staaten, auch nicht im tiefsten Süden. Jetzt wurde die völlige Emanzipation und Integration der Schwarzen forciert, und gerade das war das Thema hier im barbershop. Jetzt mußten schwarze Kinder in den Schulen unter die weißen gemischt werden, und wenn die Schulen in einem Distrikt waren, wo nur Weiße oder nur Schwarze wohnten, dann wurde ein Teil der Kinder von da und von dort in Bussen dahin und dorthin gefahren, und so wurde die Mischung der Kinder erzwungen. Was man aber hier im barbershop von dieser Integration hielt, machte sich in lautem Schimpfen Luft, und das um so mehr, als keiner wußte, wie solche Maßnahmen zu verhindern waren. Die Schwarzen konnten nun sogar das Gesetz für sich in Anspruch nehmen, wenn sie irgendwelche Diskriminierung erfuhren. Die zeigten den Besitzer eines Restaurants an, wenn er sich weigerte, einen schwarzen Gast zu bedienen. So weit war man gekommen, murrten die Barbiere, während sie ihren Kunden die Haare schnitten und den Bart kürzten und die Augenbrauen stutzten, und das, was die Barbiere am meisten in Rage brachte, war etwas, das gerade in der Zeitung gestanden hatte, daß nämlich ein Barbier in einem benachbarten Ort gerichtlich belangt wurde, weil er sich geweigert hatte, einem Schwarzen die Haare zu schneiden. Man mußte sich einmal vorstellen, was das bedeutete! Ein weißer Barbier mußte das Kräuselhaar des Schwarzen zwischen seine weißen Hände nehmen! Dazu konnte man gezwungen werden!

„Mich bräuchten sie nicht zu zwingen!" sagte der Boß des Ladens. „They wouldn't have to force me to cut a nigger's hair. Ich würde ihm das Haar schneiden. You bet, I would cut his hair. Ich würde ihm das Haar so schneiden, wie er noch nie einen Haarschnitt bekam. You bet your boots, I'd cut his hair! Ein Nigger, dem ich die Haare schneide, würde sich hier nie wieder blicken lassen! Not in my barbershop!"

Und so zog man weiter über die emanzipierten Neger her, aber wie eingangs schon bemerkt, bestätigte das, was da im barbershop geredet wurde, nicht unbedingt die Emanzipation der Neger.

Die Leute von der Maiblume

Es gibt zweierlei Amerikaner, Maiblumen-Amerikaner und andere. Die Leute von der Maiblume sind in der Minderheit. Die anderen bilden zwar die Mehrheit, aber immer mehr von ihnen wechseln zu den Leuten von der Maiblume über.

Wir reden nicht eigentlich von einer Maiblume, sondern von der „Mayflower", und das war der Name des englischen Schiffes, das 1620 an der Küste des heutigen Staates Massachusetts landete. Doch sind nicht die Passagiere dieses Schiffes die frühesten Ahnen der weißen Amerikaner; denn ein anderes Schiff hatte bereits 1607 im heutigen Staate Virginia Engländer abgesetzt, die dort eine dauerhafte Siedlung gründeten. Aber sonderbarerweise sagt niemand in Amerika, er stamme von diesen Siedlern ab. Vielleicht weil ihr Schiff keinen so hübschen Namen trug. Die weißen Amerikaner, die ur-amerikanisch sein wollen, behaupten alle, ihre Vorfahren seien mit der „Mayflower" ins Land gekommen, und da ungefähr jeder vierte Amerikaner das behauptet, ergibt sich daraus weniger irgendwelche gigantische Größe jenes frühen Siedler-Schiffes als ein gigantisches Bedürfnis der Amerikaner nach Tradition und Familiengeschichte.

Nicht daß allein die Amerikaner mit englischen Familiennamen sich eine über dreihundertfünfzigjährige Familiengeschichte zurechtschneiderten! Die Amerikaner mit deutschen oder französischen Namen, die nicht mit der „Mayflower" gekommen sein konnten, rächen sich für dieses Unvermögen, indem sie an eine noch viel längere und interessantere Familiengeschichte glauben. Die stammen dann gleich von den Bourbonen ab, nämlich – wie könnte es anders sein! –

von Ludwig XVII., der ja in der Französischen Revolution einem Schuster zur Betreuung übergeben worden war und – was sonst! – später außer Landes geschmuggelt worden war und – warum nicht? – nach Amerika gebracht worden war, um dort Amerikaner zu zeugen, deren Vorfahren nicht zu den Passagieren der „Mayflower" gehören konnten.

Wenn schon nicht „Maiblume", dann kommt es einem Amerikaner eben nicht so genau darauf an, wen er sich zum Ahnherrn aussucht, solange dieser nur sehr edel ist. Dann sagt er, ohne mit der Wimper zu zucken, sein Großvater väterlicherseits sei der letzte Herzog vom Elsaß gewesen. Er verkündet diese Geschichte auch, ohne Geschichtliches einzubeziehen, was ja viel zu umständlich wäre. Ob es tatsächlich einmal einen Herzog vom Elsaß gegeben hat, kümmert ihn weiter nicht, und er interessiert sich nicht sonderlich dafür, daß seit über tausend Jahren kein Herzog vom Elsaß entweder im Elsaß oder außerhalb des Elsaß aufgetreten ist. Es ist dann um so mehr an der Zeit, daß dessen Enkel nun irgendwo in Amerika auftritt. Niemand sage, es gebe unter den Amerikanern keine Aristokratie! Die Leute von der Maiblume sind jedenfalls, verglichen mit dem Sproß aus solchem Geblüt, bloß Immigrantengesindel.

Noch höher allerdings stellen sich diejenigen Leute von der Maiblume, die sich nicht nur so von einem der Passagiere herleiten, sondern vom Kapitän, einem Mann namens Hall. Und wenn man hört, wie viele Amerikaner vom Kapitän der „Mayflower" abstammen, dann kann man nur den Hut vor dem Mann abnehmen, dessen Virilität diejenige Augusts des Starken um ein Gewaltiges übertroffen haben muß.

Die Leute von der Maiblume vermehren sich in Amerika schneller als der Durchschnitt der Bevölkerung. Das rührt zum Teil daher, daß die Amerikaner italienischer, polnischer, griechischer oder sonstwelcher nichtenglischen Herkunft gern ihre Namen zu britischen Namen ändern. Wenn aber aus einem Bianco ein White geworden ist, oder aus wem oder was auch immer ein Wilson oder Williams oder Kellogg oder Hall, dann folgt der Änderung des Familiennamens alsbald die Namensänderung des Schiffes, mit dem die Vorfahren ins Land gekommen sind. Ob das Schiff „Bari“ oder „Bilbao“ geheißen hat, es wird in „Mayflower“ umgetauft, und jeder namens Hall – und es gibt in Amerika schrecklich viel Leute namens Hall – stammt dann prompt vom Kapitän der „Mayflower“ ab. – Wirklich, der Mann hat's in sich gehabt.

Wer gehört zu den DAR?

„DAR" ist die Abkürzung für „Daughters of the American Revolution", und diesen schönen Namen trägt eine sehr exklusive Frauenorganisation. Der Vereinigung dürfen nur Frauen angehören, deren Vorfahren bereits zur Zeit der Revolutionskriege, die 1776 zur amerikanischen Unabhängigkeit führten, in Amerika ansässig waren. Die Damen in diesem Verein betrachten sich also als eine Art amerikanischen Uradels. Daß weibliche Personen sich mit solchem Adel brüsten, rührt daher, daß die Frauen für so etwas mehr Zeit haben als ihre Männer, die zumeist stark im Geschäft engagiert sind, um den Wohlstand der Familie zu erhalten; denn eine Tochter der Amerikanischen Revolution kommt selbstverständlich aus begüterter Familie. Noblesse oblige, und zwar zur Wohlhabenheit.

Heben sich solche adligen Damen nun etwa von anderen Frauen ab, so fragen wir, und wenn ja, woran soll man den Unterschied erkennen? Wohlhabend sind schließlich auch Familien, deren Vorfahren viel später nach Amerika kamen, vielleicht erst im vorigen Jahrhundert oder sogar erst in diesem, und vielleicht sind die sogar wohlhabender als so eine DAR, ja, manche sind sogar unerhört reich. Das ist zwar so, aber andererseits strahlen deren Augen nicht so, als erspähten sie am Horizont die Morgenröte. Da muß man einmal die Augen einer DAR anschauen, wenn sie die Nationalhymne singt: „Oh say, can you see by the dawn's early light", und DAR-Damen singen das gern und so oft sie können, und dann strahlen ihre blauen Augen so blau, wie nur blaue Augen strahlen.

Nun sind blaue Augen selbstverständlich nicht die Voraussetzung dafür, daß eine Frau den DAR angehört. Die Augen sind zwar die Hauptsache in einem Gesicht, aber zum Gesamteindruck trägt auch das restliche Gesicht einiges bei, einschließlich der Gesichtsfarbe, und DAR-Frauen malen ihre Gesichter bestimmt nicht so indezent an, wie das viele andere tun, sondern ihre Lippen sind ziemlich geradlinig rot gestrichen, ihre Backen sind unaufdringlich rosa getüncht, und auch ihr Haar ist dergestalt gelockt um den Kopf gelegt, daß es einer gediegeneren Mode als der letzten entspricht. Nicht eben nach der letzten Mode ist auch der Hut, den eine DAR so beharrlich auf dem Kopf trägt wie ein Militär seine Mütze, aber anstelle einer Kokarde hat dieser Hut einen Strauß aus bunten Blümchen, lila, weiß, gelb, rosa und blau, und vorherrschend sind darin die Vergißmeinnicht, weil deren Farbton mit dem Blau der Augen so schön harmoniert.

Mit dem Leuchten der Augen wetteifert die Lautstärke der Stimme, wenn eine DAR die Nationalhymne singt. Natürlich ist das nicht das einzige Lied, das ihre innersten Gefühle zum Ausdruck bringt. Sie singt: „My country, 't is of thee, sweet land of liberty" mit der gleichen Inbrunst, zumal darin ja die Freiheit angesprochen wird, und eine DAR versteht unter Freiheit das, was eben eine DAR darunter versteht, und wenn jemand etwas anderes darunter versteht, dann gehören solche Leute nicht nach Amerika oder, wenn sie Frauen sind, hätten sie sich damit zum mindesten für die Zugehörigkeit zu den DAR disqualifiziert.

Freilich gibt es auch noch andere, die sich nicht für die DAR qualifizieren können, beispielsweise Frauen polnischer oder italienischer oder jüdischer Herkunft. Der Grund dafür ist einfach, daß deren Vorfahren vor 1776 noch nicht in Amerika waren. Die kamen ja erst später. Vorher kamen nur Engländer und Deutsche und Holländer und so, und das waren Protestanten, nicht Katholiken und Juden. Das hat mit Intoleranz oder Rassismus gar nichts zu tun, sondern nur mit der amerikanischen Geschichte, und die ist nun einmal so, wie besonders eine DAR weiß, daß sie so ist.

Was nun den Rassismus betrifft, so sollte niemand so einfältig sein zu fragen, ob etwa schwarze Frauen zu den DAR gehören. Deren Vorfahren waren nämlich vor 1776 im Lande, wurden doch die Negersklaven bereits von den frühen Siedlern nach Amerika gebracht. Das ist so, aber man wird nun einmal in dieser exklusiven Vereinigung nur aufgenommen, wenn man nachweisen kann, daß die Vorfahren vor über zweihundert Jahren im Lande waren, und welche Schwarzen kämen denn aus einer Familie, die einen solchen Nachweis erbringen könnte. Das Aufnahme-Komitee der DAR muß den Versuch eines solchen Nachweises ganz genau prüfen, und wer zu den DAR gehören darf, entscheiden die DAR.

Ganz und gar unfair aber wäre es, zu fragen, ob dann Indianerinnen zu den DAR gehören; denn deren Vorfahren waren ja todsicher vor 1776 im Lande, ja, sie lebten sogar zehntausend Jahre länger in Amerika als die Ahnen der DAR. Keine DAR würde das bezweifeln. Wenn dennoch keine Indianerin zur Vereinigung dieser adligen Damen gehört, dann ist es wohl einfach deshalb, weil sich bisher noch keine Rothaut dafür interessierte. Ob man sie aufnehmen würde, wenn sie sich anmeldete, braucht hier nicht diskutiert zu werden. Die Frage hat sich bisher überhaupt nicht gestellt.

Ohne Wind geht es nicht

Kennen Sie den Unterschied zwischen einer Klimaanlage und einem Ventilator? – Diese Frage klingt zwar wie ein Witz, aber wir geben die unwitzige Antwort: Beide dienen der Lüftung von Räumen, doch ein Ventilator kann etwas bewirken, was eine Klimaanlage nicht kann, nämlich einen ganz schönen Wind. Deshalb sind in Amerika Räume in Restaurants oder Hotels, wo sich die Mitglieder der landesweit verbreiteten Vereine oder Klubs zum Lunch regelmäßig treffen, nicht nur mit einer Klimaanlage ausgestattet, sondern mit einem Ventilator obendrein. Die Frage ist nun freilich: Wozu brauchen die Vereinsmitglieder einen Ventilator, beziehungsweise, wozu brauchen sie Wind?

Solchen Vereinen gehören allenthalben sehr geachtete Bürger an, „fine upstanding citizens", und gute aufrechte Bürger sind immer patriotisch gesinnt. Weil sie Patrioten sind, setzen sie sich nicht gerade so hin zum gemeinsamen Essen, sondern sie rufen sich vor dem Lunch in Erinnerung, daß sie Amerikaner sind, amerikanisch gesinnte Amerikaner, und was könnte an Amerikanismus mehr gemahnen als die Nationalhymne! Also stehen alle vor dem Lunch von ihrem Stuhl auf und singen: „Oh say, can you see by the dawn's early light..." So fängt die Hymne ja recht hymnisch an.

Was aber ist es denn, was man da sieht „beim frühen Licht der Morgendämmerung", beziehungsweise wird man ja gefragt, ob man es sehen kann. Es ist natürlich das „Star-Spangled Banner", und darum befindet sich eine Fahnenstange im Raum, an der die Flagge hängt, die „Stars and Stripes", bei deren Anblick einem guten Amerikaner das Herz höher schlägt in der Brust; das kann er fühlen mit der rechten Hand, die er aufs Herz legt, während er singt. Nur muß man die „Stars and Stripes“ dann halt auch wirklich sehen, sonst stellt sich das erhebende Gefühl nicht so recht ein, und innen in einem Raum hängt eine Fahne nur schlaff und praktisch unsichtbar an der Fahnenstange herunter und kann nicht im Winde flattern, so daß man die Frage „Oh say, can you see“ eigentlich mit „no, I can't“ beantworten müßte, und das liegt durchaus nicht im hymnischen Sinn.

An diesem Punkt angelangt muß einem jeden der Unterschied aufgehen zwischen Klimaanlage und Ventilator; denn mit der Klimaanlage kommt man hier nicht weiter. Da braucht man den Ventilator, den man unweit der Flagge aufgestellt hat. Beim Erklingen der Nationalhymne drückt jemand auf den Knopf. Der Propeller des Ventilators läuft an. Prompt gibt es einen ganz schönen Wind, der die Flagge flattern läßt, so daß sie nun die abwechselnd roten und weißen Streifen zeigt, dreizehn an der Zahl, und im blauen Einsatz die fünfzig weißen Sterne. Und jetzt singt man „Oh say, can you see“ mit voller Überzeugung, denn jetzt muß bei einem jeden die wahrheitsgemäße Antwort lauten: „Yes sir, I can.“

Darum also wird in Amerika der Ventilator nicht durch die Klimaanlage verdrängt; denn wenn man die rechten patriotischen Gefühle erwecken will, dann geht das nicht ganz ohne Wind.

So, jetzt wißt ihr's!

Die amerikanische Geschichte erinnert mich oft an eine amerikanische Geschichte, die eigentlich keine Geschichte ist, weil nämlich die amerikanische Geschichte oft auch keine Geschichte ist.

Bei dem, was ich hier berichte, zitiere ich nur einen amerikanischen Sergeanten, der seinen Leuten eine Geschichte erzählte, von der ich nur noch den Schluß vernahm.

Breitbeinig stand der Sergeant vor seinen Leuten, und mit milder Stimme sagte er: „Also, nur falls ihr's nicht wußtet", und nach einer ganz kurzen Pause brüllte er mit überschnappender Stimme: „Na, dann wißt ihr's jetzt!" Oder, wie er es wörtlich sagte: „So, just in case you didn't know – – Well, now you know!"

So, und wenn ihr wissen wollt, warum mich diese Geschichte an die amerikanische Geschichte erinnert, dann sage ich euch: Weil man euch in Amerika in jedem Ort, durch den ihr kommt, die Geschichte des Ortes berichtet, obgleich ihr euch für das, was man berichtet, bestimmt nicht interessiert. Und warum berichtet man euch dann das alles? – Nun, nur falls ihr's nicht wußtet. Na, dann wißt ihr's jetzt.

Selbstverständlich kann eine so junge Nation wie Amerika nicht annähernd soviel Geschichte haben wie die alten europäischen Nationen, und wo man wenig Geschichte hat, da macht man halt viel aus wenig. In Europa atmet fast jeder Ort seine alte Geschichte, und in allen Einzelheiten läßt sie sich gar nicht berichten. In den USA sind die meisten Orte ziemlich jung, und je weiter man nach Westen kommt, desto jünger sind sie.

Wenn ein Ort im Osten liegt, hat da immerhin schon während des Revolutionskrieges gegen die Engländer eine Schlacht stattgefunden, und wenn es auch nur ein unbedeutendes Geplänkel war, es wird zur Schlacht erklärt, damit der Ort seine Geschichte bekommt, und die ist auf einer Erinnerungstafel zu lesen oder auch in einem Prospekt der Handelskammer des Ortes, und welcher Ort in Amerika wäre so unbedeutend, daß er keine Chamber of Commerce hätte! Warum aber berichtet man euch überhaupt, daß an diesem Ort die amerikanischen Patrioten gegen die englischen Soldaten kämpften? Die Antwort lautet selbstverständlich: Just in case you didn't know. Well, now you know!

Wie gesagt, so eine Schlacht kann nur im Osten stattgefunden haben, also in einem der ursprünglichen dreizehn Staaten. Die Staaten weiter nach Westen waren ja dann noch gar nicht vorgesehen. Doch zur Zeit des amerikanischen Bürgerkrieges hatten sich die USA in der Richtung längst ausgedehnt, und in diesem schrecklichen Krieg gab es Schlacht über Schlacht; da kam fast keine Gegend zu kurz. Da kann euch fast jeder Ort recht Blutiges darüber berichten, und man berichtet es euch auch, und zwar aus dem einfachen Grund: Nur falls ihr's nicht wußtet. Na, dann wißt ihr's jetzt.

Gewiß, wenn ihr noch weiter nach Westen geht, kommt ihr durch Orte, die auch zur Zeit des Bürgerkrieges noch nicht existierten. Aber selbst wenn ein Ort sowohl beim Revolutionskrieg als auch beim Bürgerkrieg zu kurz gekommen ist, an Kämpfen gegen die Indianer gab es kaum irgendwo in Amerika irgendwelchen Mangel. Da kann man euch sagen, welcher Kampf gegen welche Indianer an diesem Ort stattgefunden hat, und ihr könnt euch denken, wer diesen Kampf gewann.

Und sollte der Ort, durch den ihr kommt, so weit im Westen liegen, daß da keine Indianer mehr getötet werden konnten, weil sie schon getötet worden waren, bevor sie so weit kamen, dann kann man euch von diesem Ort doch eine Geschichte berichten, nämlich die Geschichte eines berüchtigten Rinderdiebes oder Straßenräubers. Der wurde in diesem Ort vom Sheriff gestellt und anschließend aufgehängt. Na also!

Ihr hättet doch sicher nicht gewußt, daß das an diesem Ort geschah, wenn wir es euch nicht berichtet hätten. So, just in case you didn't know. Well, now you know.

Sitten und Benimm

Warum sind die Amerikaner so fromm?

Die zuerst nach Amerika kamen, waren so fromm wie die „Pilgrim Fathers“, die sich in Plymouth in New England im Jahre 1620 niederließen und auf die sich am liebsten alle Amerikaner in ihrem Stammbaum zurückführen würden. Diese Pilgerväter waren Puritaner, deren Gottergebenheit zum sittlichen Maßstab des Amerikanertums wurde. Und wer danach sonst noch nach Amerika kam, stand jenen Puritanern an Frömmigkeit nicht nach oder übertraf sie allenfalls noch, ob das Mennoniten aus deutschen Landen waren oder Baptisten aus britischen. Besonders in Amerika hielten diese Sekten sich, entwickelten sich und blühten auf, all die protestantischen Kirchen, die Presbyterianer, Methodisten, Lutheraner, Quäker, Mormonen, und was sich da sonst noch so tummelt. Selbstverständlich darf man in Amerika nun auch Katholik sein oder Jude und, wenn es sein muß, sogar Mohammedaner. Hauptsache ist in jedem Fall der starke Glaube an Gott. Und wenn einer Amerikaner werden will, dann wird er klipp und klar gefragt, ob er an Gott glaubt; und sollte er sagen: „Nein“, dann dürfte es ihm schwerlich gelingen, Amerikaner zu werden; denn dann ist er ein Atheist, und das ist so schlimm wie Anarchist und Kommunist, und solche Leute haben in den USA nichts zu suchen.

Gehe in irgendeinen amerikanischen Ort. Hat er zehntausend Einwohner, dann sind da mindestens zehn Kirchen. Ist es eine größere Stadt mit hunderttausend Einwohnern, dann gibt es da hundert Kirchen. Und hat die Stadt gar eine Million Einwohner, dann sind da wohl tausend Kirchen. Viele von diesen Kirchen sind äußerlich von solcher Dürftigkeit, daß sich der Name „Kirche“ nur aus ihrer Funktion ergibt. Und eine Kirche mag so bedeutend sein wie der große Tempel der Mormonen in Salt Lake City im Staate Utah, aber an Häßlichkeit ist dieses Bauwerk kaum zu übertreffen, es sei denn, man orientiert sich am Meisterstück eines Zuckerbäkkers als dem Maßstab schöner Architektur; denn diese Kirche wirkt auf den unvoreingenommenen Beschauer wie frisch aus der Konditorei.

Bei derartig vielen Kirchen kann man sich vorstellen, was das am Sonntag für ein Glockengeläute ergibt, und um laut zu läuten, brauchen keine großen Glocken hoch oben im Turm eines Münsters zu hängen. In Amerika können selbst die kleinsten Kirchen ein ebenso lautes Geläut veranstalten wie die allergrößten, denn es ist zumeist elektronisches Geläut, und die Lautstärke kann man einstellen je nach Bedarf. Aber auch ohne daß die Bürger solcherart zum Gottesdienst gerufen würden, stellen sie sich pünktlich ein, denn der sonntägliche Kirchgang ist so selbstverständlich wie der wochentägliche Gang ins Büro oder wo einer sonst tätig ist für das Wohlergehen der Nation und der engeren Familie.

Solltest du, o Fremdling, am Sonntag zu Gast sein bei einer amerikanischen Familie, dann mache dich darauf gefaßt, daß du gefragt wirst, in welche Kirche du gehst; denn falls du nicht der gleichen Kirche angehörst wie deine Gastgeber, kann man dich auch in eine dir besser passende bringen. Hauptsache ist, du gehst in die Kirche und zeigst damit, daß du kein Ungläubiger bist. Solltest du aber deine Gastgeber in ihre Kirche begleiten, lernst du nach dem Gottesdienst alle paar Sekunden ein weiteres Mitglied der Kirchengemeinde kennen – how do you do – lauter angesehene Bürger – pleased to meet you – die alle sehr nett sind zu dir – so glad to know you – und die überhaupt sehr nett sind – how are you this very fine morning? – so fromm und froh und freundlich – isn’t it a lovely day! – und die dich gleich in ihr Herz schließen als neues Mitglied der Gemeinde – you must come and see us – und sie verabschieden sich von dir mit Gottes Segen, denn sowieso ist der englische Abschiedsgruß „Good-bye“ ja schon eine Abkürzung von „God be with you", aber nun sagen sie dazu auch noch: „God bless you", damit der Segen besser hält.

Doch, in Amerika ist Gott immer dabei, im Frieden wie im Krieg. So war im Zweiten Weltkrieg der populärste Slogan: „Praise the Lord and pass the ammunition!" – Lobet den Herrn und reicht mir die Munition!" Ersonnen hat diesen Slogan ein sehr frommer Mann, nämlich ein Pfarrer, und die sind ja sowieso immer fromm.

Alle echten Amerikaner sind fromm, und auch wenn sie reiche Geschäftsleute sind, vor dem Essen wird gebetet: „Our heavenly Father, we thank thee for thy grace, be with us today! Amen!" und daran anschließend wirst du gefragt: „How do you like your steak? You want it medium or rare?"

Die amerikanische Frömmigkeit hält nicht nur allem big business, sondern auch aller Technik und aller Naturwissenschaft stand. Sogar die Astronauten, die damals den Mond umkreisten, sandten aus dem mit höchstentwickelter Technologie eroberten Raum eine biblische Botschaft zur Erde; denn was immer man in so ein Raumschiff mitnehmen kann, die Bibel ist sicher dabei.

In jedem Raum in jedem Hotel oder Motel liegt eine Bibel in der Nachttischschublade neben dem Bett, und das Fernsehgerät gegenüber dem Bett bringt den Gottesdienst auf Knopfdruck zu dir. Nicht nur sonntags, nein, jeden Tag knallt da in aller Herrgottsfrühe ein „revival meeting" aus dem Fernsehgerät heraus. Da werden Gefühle der Frömmigkeit wiedererweckt, obgleich sie der Wiedererweckung gar nicht bedürfen. Doch erweckt werden soll da vor allem das Gefühl: „Geben ist seliger denn Nehmen", worauf sich auch die „Green Power" Bewegung beruft, so genannt nach der Macht der grünen Dollar-Noten, und wenn du deine Dollars dem Prediger gibst, dann wird er für dich ein gutes Wort einlegen – O Lord! O God! O Jesus! – damit auch du von der gleichen grünen Macht profitierst wie die vielen Amerikaner, die ebenso fromm waren wie reich, und die damit bewiesen: Frömmigkeit zahlt sich aus.

Von mehr oder weniger barbarischen Sitten

„Barbarisch" heißt eigentlich nichts weiter als „ausländisch", und wenn ein Europäer gewisse Manieren eines Amerikaners barbarisch findet, so ist das so, wie wenn ein Amerikaner die Manieren eines Europäers barbarisch findet. Letzteres ist allerdings häufiger der Fall als ersteres.

Stellen wir uns einmal vor, ein europäischer Geschäftsmann reise nach Amerika, um da mit potentiellen amerikanischen Partnern zu verhandeln, und dies sei seine erste Reise in die USA; irgendwann geht ja jeder zum erstenmal nach Amerika. Welche Städte er besucht, spielt hier keine Rolle. Es braucht also nicht nur New York zu sein; es kann auch Boston sein oder Philadelphia oder Baltimore, Pittsburgh, Memphis, Atlanta, Miami; da gibt es ja so viele Städte, wo große Geschäfte abgewickelt werden; Buffalo, Columbus, Rochester, Detroit, Chicago, St. Louis, Omaha, Milwaukee, Minneapolis, Kansas City, New Orleans, San Antonio, Indianapolis, Dallas, Houston, Oklahoma City, Denver, Phoenix, San Diego, Los Angeles, San Francisco, Portland, Seattle und noch so viele, daß sie sich gar nicht aufzählen lassen.

In der Stadt nun, wohin der Europäer geflogen ist, begibt er sich von seinem Hotel zu dem Gebäude, in dem der potentielle amerikanische Geschäftspartner in seinem Büro residiert. Der Mann begrüßt den europäischen Besucher, den er nie zuvor gesehen hat, so herzlich, als kenne er ihn schon lange, und nennt ihn gleich beim Vornamen. „Glad to know you, Karl", sagt er und erwartet, daß der Europäer ihn auch gleich beim Vornamen nennt, indem er so etwas sagt wie:

„Pleased to meet you, Jim." So ist das halt in Amerika. Da legt man keinen Wert auf eine förmliche Anrede. Da fällt nicht nur der etwaige Titel weg, sondern auch der Mr. und damit sowieso der Nachname. Zwischen gleich und gleich, versteht sich. Bei Unterschieden des Standes oder des Alters gilt das nur von oben nach unten, aber nicht von unten nach oben ohne Aufforderung. Doch zwischen gleich und gleich bedarf es solcher Aufforderung nicht. Wenn der eine es tut, ist es selbstverständlich, daß der andere das erwidert.

In einem der vielen Büros dieses wahrscheinlich sehr hohen Gebäudes residiert also der amerikanische Partner. „Residieren" heißt eigentlich „zurücksitzen", und in der Tat sitzt Jim nun zurück, und zwar an seinem Schreibtisch in einem Polsterstuhl, den man als „swivel chair" bezeichnet; denn der Stuhl steht auf fünf Füßen, und mit diesen ist der Sitz durch ein Gelenk verbunden, auf dem sich der Stuhl durch entsprechenden Schwung im Kreis drehen läßt, aber außerdem läßt sich der Sitz auch über eine Federung nach hinten kippen, so daß man fast auf der Rücklehne liegt, und somit kommen die Knie in die Höhe des Schreibtisches, und wenn man die Beine ausstreckt, können sie nun auf den Tisch zu liegen kommen, und Jim kann nicht nur seine Beine dergestalt dahin legen, sondern er tut es auch; nur legt er sie nicht in die Mitte, sondern er zieht an der Seite des Schreibtisches eine Lade heraus, auf die man Papiere legen kann oder aber die Beine, und Papiere liegen da nur selten, dafür aber die Beine um so öfter, und in dieser Stellung oder eher Sitzung oder noch eher Lage oder Liege unterhält sich Jim nun mit Karl.

Die Besprechung mag bis zum Ende der Bürostunden dauern, und sollte es danach noch etwas zu besprechen geben, schlägt Jim vor, solle man das bei ihm zu Hause tun; denn er lädt nun Karl ein, dort mit ihm zu essen. Also fährt Jim den Besucher nun in seinem Wagen zu seinem Haus, sicher einem großen und schönen, wo der europäische Gast der Dame des Hauses vorgestellt wird mit den Worten: „Mary, this is Karl." – „I'm glad to know you, Karl", sagt Mary, und Karl kann getrost fragen: „How are you, Mary", als kenne man sich gut. Jim zeigt nun dem Besucher zuallererst, wo das Klo ist, falls der Gast sich gleich dahin begeben möchte oder später einmal muß. „Make yourself comfortable“, sagt Jim ihm jedenfalls, und Karl macht es sich gern bequem in dem Haus, in dem es soviel Bequemlichkeit gibt.

Während sich Mary noch in der Küche zu schaffen macht, mixt Jim einen Cocktail, der sicher dazu angetan wäre, die Atmosphäre zu lockern, wenn sie nicht von vornherein lokker wäre. Locker ist auch die Unterhaltung während des Dinners, das nun gleich folgt, und der Europäer Karl läßt sich die ausgiebige und vorzügliche Mahlzeit schmecken, während er bei Tisch bemerkt, daß die Tafelsitten der Amerikaner nicht eben locker sind, sondern sogar recht strikten Regeln folgen. So halten die amerikanischen Gastgeber beim Essen das Messer in der einen Hand und die Gabel in der anderen nur, während sie ein Stück Fleisch auf dem Teller abschneiden, dann legen sie das Messer hin, wechseln die Gabel von der einen zur anderen Hand, um das Fleisch dann mit der Hand, die vorher das Messer hielt, zum Munde zu führen, und diese Prozedur wird wiederholt jedesmal, wenn man wieder ein Stück Fleisch abschneidet. Er, Karl, tut das nicht, sondern behält das Messer in der einen Hand, während er den Bissen mit der Gabel in der anderen Hand zum Munde führt, wie man es gewöhnlich in Europa tut; denn niemand hat ihm geraten, den Amerikanern ihre Tafelsitten abzugukken und selber anzuwenden, obgleich ihm das zu raten wäre, damit seine europäischen Sitten nicht auffallen bei ferneren Besuchen.

Karl fliegt nämlich von hier aus weiter in einige andere Städte, wo er geschäftliche Verhandlungen führen will, und dort lernt er noch eine ganze Reihe anderer Leute kennen, Fred und Bill und Bob und Jerry und Roy, und da er jeweils auch zum Essen eingeladen wird, lernt er auch deren Gattinnen kennen, Patsy und Anne und Dorothy und Ethel und Kate, hier oder da allenfalls auch die halbwüchsigen Kinder, die aber nicht „Karl“ zu ihm sagen, sondern „Sir“, und wenn er das Wort an sie richtet, beginnen sie ihre Entgegnung mit

„Yes, Sir" oder „No, Sir" oder „Thank you, Sir"; denn amerikanische Kinder haben in den Kreisen, mit denen Karl hier zu tun hat, strenge Sitten gelernt, und Karl kann bei Tisch beobachten, wie tadellos ihre Manieren sind; denn auch sie wechseln die Gabel von der einen Hand zu der, die zuvor das Messer hielt. Wenn aber amerikanische Kinder das so gut lernen können, dann könnte sich der europäische Gast dessen auch bemühen, zumal er nicht will, daß die amerikanischen Kinder den Eindruck bekommen, der Europäer habe gegessen wie ein Barbar.

Es kommt eben darauf an, was unmanierlicher wirkt: für den Europäer, wenn der Amerikaner vor ihm die Beine auf den Tisch legt; oder für den Amerikaner, wenn der Europäer den Bissen mit der einen Hand zum Munde führt, während die andere das Messer hält. Was mich betrifft, ich sage mir: „Andere Länder, andere Sitten"; ich esse so oder so oder noch anders, zum Beispiel in China mit Stäbchen; aber ich bin auch für Bequemlichkeit und lege darum, wenn es irgend geht, gern die Beine auf den Tisch.

Von Männern und Frauen und Demokratie

Demokratie, das ist nichts Theoretisches, sondern etwas Praktisches. Wer wissen will, wie man Demokratie praktiziert, informiert sich darüber am besten vor Ort, und der Ort ist natürlich Amerika; denn Amerika und Demokratie, das ist ein und dasselbe, wie jeder Amerikaner weiß. Somit brauchen wir bloß zu fragen: Was macht man in Amerika wie? Und das ist dann Demokratie.

Vor Ort, das heißt auch: zu Hause; denn mit und in der Familie fängt das Leben ja an, also auch die gelebte Demokratie. Darum begeben wir uns zum Zwecke unseres Anschauungsunterrichts in einen durchschnittlichen amerikanischen Haushalt, wo der Mann gerade von der Arbeit nach Hause kommt, und die Frau kocht gerade das Essen. Da das Baby noch gefüttert werden muß und die Frau für die Küche sorgt, gibt der Mann vor dem Essen dem Baby noch die Flasche, und zwar ohne daß er von der Frau den Befehl hierfür bekommt; denn in einer Demokratie wird man nicht herumkommandiert; da gehorcht man aus freien Stücken.

Nun versteht es sich bei der demokratischen Verteilung der Pflichten für den Mann ganz von selbst, daß er das Essen nicht nur ißt, sondern daß er auch zur Arbeit, die mit jedem Essen verbunden ist, seinen Teil beiträgt. Die Frau hat das Essen gekocht, und das mußte sie tun, weil der Mann zu der Zeit noch seinen beruflichen Pflichten nachging. Da nun die Frau das Nötige vor dem Essen getan hat, tut der Mann es nach dem Essen, das heißt, er wäscht das Geschirr, und wieder ohne daß er von der Frau den Befehl dazu bekommt; denn in der Demokratie gibt es keine Zwänge. Der Mann spült ganz ungezwungen alles ab, und nachdem er es abgetrocknet hat, stellt er es auch weg. Doch nach getaner Arbeit ist gut ruhn, und nun kann sich der Mann ins Wohnzimmer begeben, sich in seinen Sessel fläzen, mit den Beinen auf dem Rauchtisch davor; denn nunmehr hat er seiner demokratischen Pflicht genügt und kann in aller Ruhe zuschauen, wie sich die Frau neben ihm die Fingernägel lackiert.

Nicht daß die Demokratie solcherart nur praktiziert würde, wenn der Mann und die Frau unter sich sind. Vielleicht sind Gäste da zum Essen, und dann nehmen die an der Demokratie in jeder Beziehung teil, da das alles bei ihnen zu Hause auch nicht anders ist. Und selbst wenn es bei den Gästen zu Hause anders wäre, beispielsweise wenn es Gäste aus Europa sind, in Amerika kann keiner so leicht der Demokratie entrinnen. Da sagt der Gastgeber zum männlichen Gast nach dem Essen: „Let's do the dishes!" und geleitet ihn in die Küche. Doch, wie gesagt, Zwänge darf es in einer Demokratie nicht geben, sondern man hat immer die Wahl, dieses zu tun oder jenes; da gibt es zu allem eine Alternative, und die gibt es auch hier; denn der Gastgeber fragt den Gast: „What do you want to do, wash or dry?" Der Gast entscheidet sich für letzteres, und es ist selbstverständlich, daß man die Entscheidung zwischen Waschen und Abtrocknen ihm überließ, das heißt, er hatte die freie Wahl, und wie jeder weiß, sind freie Wahlen die unabdingbare Voraussetzung für die Demokratie.

Wer ist besser dran, Ladies oder Gentlemen?

Es ist keine Frage, daß man nur diejenigen als Gentlemen bezeichnen kann, die sich den Ladies gegenüber besonders höflich benehmen. Die Frage aber, wer bei solchem Benehmen besser dran ist, die Ladies oder die Gentlemen, läßt sich nicht leicht beantworten, wenigstens nicht für Amerika, wo man mehr als in irgendeinem anderen Land auf gute Sitten achtet. Letzteres mag nicht allgemein bekannt sein. Aber wir stehen nicht an, dafür ein anschauliches Beispiel zu geben.

Für unsere Demonstration begleiten wir die Herren und Damen der besseren amerikanischen Gesellschaft in einen Klub, wo sie sich zum Essen und Trinken und zu anschließender Geselligkeit treffen. Man steht noch in lockerer Runde herum und trinkt seinen Cocktail; dann wird das Zeichen zum Essen gegeben, und alle gehen zu Tisch. Keiner der Herren setzt sich, bevor nicht sämtliche Damen in der Tischrunde sitzen. Zunächst zieht jeder der Herren den Stuhl zu seiner Rechten vom Tisch weg, um ihn seiner Tischdame sodann genau unters Gesäß zu schieben. Aber noch sitzt keiner der Herren; denn da ist einer Dame das Stuhlbein auf den Rand des Abendkleids geraten und wird von ihrem Tischherrn vorsichtig von dort wieder entfernt. Das dauert ein Weilchen, und erst, wenn diese Operation beendet ist und auch die letzte Dame sitzt, setzen sich alle Herren; denn es schickt sich nicht, daß ein Gentleman sitzt, während eine Lady steht. Das ist in Amerika ein absolutes Gesetz, und Ausnahmen dazu gibt es nicht.

Bei der Unbedingtheit dieser Höflichkeitsbezeugung versteht es sich von selbst, daß alle Herren aufstehen, wenn sich auch nur eine Dame von ihrem Stuhl erhebt. Sollte das Zusammensein in der Runde nun einige Stunden dauern, so kommt es unweigerlich vor, daß jemand kurz verschwinden muß, und wenn einer der Gentlemen zu den „Gentlemen" geht, so fällt das nicht weiter auf; denn er kann das diskret arrangieren. Er kann zum Beispiel sagen, er wolle den Manager des Klubs fragen, ob eine bestimmte Sorte Scotch oder Bourbon im Hause sei, und bei der Gelegenheit verschwindet er eben mal, und wenn er zurückkommt, achtet niemand darauf, daß es dem Gentleman mehr um die „Gentlemen" ging als um Scotch oder Bourbon.

Wenn nun eine der Ladies einmal zu den „Ladies" muß, ist Diskretion nicht möglich. Sobald sie sich von ihrem Stuhl erhebt, springen alle Herren auf. Das ist der Salut für die Lady, nicht weil sie zu den „Ladies" geht, sondern weil sie aufgestanden ist; wohin sie dann geht, ist egal. Hat sie einmal die Runde verlassen, setzen sich die Herren selbstverständlich wieder; aber wenn die Lady zurückkehrt, um wieder in der Runde Platz zu nehmen, springen die Herren neuerlich auf, und man könnte meinen, sie wollten auf jemand oder etwas einen Toast ausbringen. Doch erweisen sie der Lady so nur stumm ihre Achtung.

Nun ist das an so einem geselligen Abend kaum die einzige Lady gewesen, die ein solches Bedürfnis hatte. Nach und nach erfaßt das auch andere, und da schleicht sich keine unbemerkt davon; denn es wird von den Gentlemen scharf darauf geachtet, daß keiner gegen das Gesetz der Höflichkeit verstößt. Wer da nicht jedesmal aufstünde, beziehungsweise zweimal, nämlich wenn eine Lady geht und wenn sie kommt, wäre kein Gentleman.

So macht man das in Amerika, und nirgendwo sonst pflegt man bessere Sitten; da gibt es keine Frage. Allerdings, wer bei so guten Sitten besser wegkommt, die Ladies oder die Gentlemen, ist nach wie vor eine Frage.

Essen und Trinken

Wie man Whiskey von Bier unterscheidet

Wenn Bier an einem Ort als „coldest beer in town“ angepriesen wird, so ergibt sich daraus, daß man sich in Amerika befindet, denn nur in Amerika gilt bei kalten Getränken, daß sie einem je mehr zusagen, je kälter sie sind.

Das „kälteste Bier in der Stadt“ wird eisgekühlt dadurch, daß die Flaschen in einer Truhe voller Eisstückchen vergraben werden, so daß der Inhalt praktisch den Gefrierpunkt erreicht. Trinkt man dann ein Glas von diesem Bier, so hat dasselbe keinen Geschmack, weil eiskalte Getränke so gut wie keinen Geschmack entwickeln, jedenfalls nicht mehr als ein Glas Wasser, das in Amerika ja auch nur als ice water getrunken wird. Den Unterschied zwischen dem eiskalten Bier und dem eiskalten Wasser erkennt man aber daran, daß das Bier bräunlich und das Wasser farblos ist.

An der Farbe kann man ice water auch von anderen Getränken unterscheiden, die in Amerika eiskalt getrunken werden, zum Beispiel ice coffee und ice tea. Diese weisen auch untereinander keine nennenswerten Geschmacksunterschiede auf, aber das erstere Getränke ist dunkelbräunlich, das letztere hellbräunlich, und wer sich in solchen Farbschattierungen auskennt, ist sich dessen bewußt, was er trinkt.

Nun unterscheidet sich ice coffee in der Farbe nicht von eisbestücktem Cola, und doch kann man letzteres daran erkennen, daß es im Gegensatz zu ice coffee prickelt. Wir halten hier also fest, daß man mit Eis behandelte Getränke in der Regel nicht am Geschmack unterscheiden kann, aber sowohl an der Farbschattierung als auch am Prickeln.

Stellen wir diese Regel eben einmal auf die Probe: Wir haben vor uns zwei Gläser voller Eis und mit einer farblosen Flüssigkeit, von denen die eine nicht prickelt und die andere wohl. Was ist die eine und was ist die andere? – Die Antwort ist kinderleicht. Die erstere ist selbstverständlich Wasser, die letztere gin fizz.

Andererseits unterscheiden wir nun zwei eisbestückte prikkelnde Flüssigkeiten voneinander, deren eine dunkelbräunlich, die andere hellbräunlich ist. Auch hier fällt uns die Antwort leicht; denn erstere ist offensichtlich Cola, letztere bourbon whiskey and soda. So muß es sein, weil es ja umgekehrt nicht sein kann.

Nun aber kommt die Preisfrage, und die lautet: Woran erkannt man den Unterschied zwischen jenem coldest beer in town und einem bourbon and soda? Eiskalt, wie beide sind, schmecken sie gleichermaßen nach nichts, sie haben die gleiche hellbräunliche Farbe und außerdem prickeln sie gleich. Das ist durchaus richtig, und dennoch gibt es einen deutlichen Unterschied zwischen den zwei Getränken. Im coldest beer in town nämlich sieht man nichts schwimmen, im bourbon and soda wohl; denn wie wir eingangs beschrieben, war beim ersteren das Eis um das Getränk herum, ist aber nicht darin, und beim letzteren war kein Eis um das Getränk herum, ist aber jetzt darin. Und eben daran läßt sich der Unterschied zwischen den beiden erkennen. So einfach ist das. Nur muß man es halt gesagt bekommen. Von selber kommt keiner darauf.

Zur Frage, ob Amerikaner einen großen Mund haben

Den Amerikanern wird nachgesagt, sie hätten einen großen Mund. Stimmt das oder stimmt das nicht? Ist in Amerika wirklich alles besser und schöner und größer, und gibt es da wirklich mehr von allem als irgendwo sonst? Was letztere Frage betrifft, so läßt sie sich mindestens für Sandwiches bejahen. Schau bloß einmal in einem drugstore am lunch counter auf der Menükarte nach, was es da alles gibt, nämlich nicht nur Hamburger, was ja auch eine Art Sandwich ist, sondern Cheeseburger, Shrimpburger, Nutburger, Popburger; oder du kannst dir einen Sloppy Joe Sandwich bestellen, falls du dir etwas darunter vorstellen kannst, und wenn nicht, dann ist da ein Sardine Swiss-cheese Sandwich, was sehr originell anmutet, oder ein Potato, Egg and Cheese Sandwich, auch eine ungemein gemischte Mischung, oder du nimmst dir einen Peanut butter, Baked beans and Dill pickle Sandwich, was du sicher auch in keinem anderen Land bekommst, und da gibt es noch Dutzende anderer Arten, so daß du gar nicht weißt, was du wählen sollst, und deshalb wählst du am besten das, was der Amerikaner neben dir nimmt, und der bestellt einen Tuna Egg Three-decker. Du wirst dann schon sehen, worum es sich dabei handelt.

Ein Three-decker besteht aus drei Scheiben Toast, und zwischen je zwei ist etwas dazwischen. In diesem Fall befindet sich im unteren Stockwerk Thunfisch gemischt mit Stangensellerie und sehr viel Mayonnaise, und im oberen Stockwerk ist die Mayonnaise gemischt mit chili sauce und pickle relish und Scheibchen von gestopften grünen Oliven, und darauf sind Scheiben von hartgekochtem Ei, und darauf ist eine Tomatenscheibe, und darauf ist ein Blatt iceberg lettuce, und darauf ist die oberste Scheibe Toast, und darauf fehlt dann bloß noch fürs Richtfest ein Tannenbaum.

Der Three-decker Sandwich liegt vor dir auf dem Teller, und da es in Amerika üblich ist, zu einer solchen Speise Kaffee zu trinken, steht bei deinem Teller eine Tasse Kaffee, von der du einen Schluck nimmst, während du den Sandwich betrachtest und dir überlegst, wie du ihn zum Munde führen sollst. Du mußt ihn in beide Hände nehmen, aber das ist nicht leicht, weil die Spanne vom unteren bis zum oberen Teil des Three-deckers die Spannweite deiner Hände strapaziert. Wenn es dir schließlich doch gelingt, führst du den Sandwich aber nicht zum Munde, sondern du führst den Mund zu ihm, indem du die Ellbogen auf den lunch counter stützst und den Three-decker da in Mundhöhe hältst, um dich ihm mit aufgesperrtem Rachen zu nähern. Aber während du das tust, sperrt sich auch der Sandwich gegenüber deinem Rachen auf, und je fester du hinten drückst, desto weiter geht er auf, und während dir der Speichel aus den Mundwinkeln quillt und du die Maulsperre bekommst, glitscht die Tomatenscheibe aus dem Sandwich heraus und fällt dir auf den Schoß, zusammen mit Eier- und Olivenscheiben und ziemlich viel Mayonnaise.

Das war offenbar die falsche Methode, einen Three-decker anzupacken. Deshalb kneifst du ihn jetzt an der dem Mund gegenüber befindlichen Seite zu, damit du hineinbeißen kannst, aber das hat zur Folge, daß hinten alles herausgepreßt wird und dir in die Kaffeetasse fällt, und so schwimmt nun der Thunfisch im Kaffee, was aber keine Katastrophe ist, weil du ihn mit dem Kaffeelöffel herausfischen und getrennt vom Sandwich verspeisen kannst. Nur schmeckt der Thunfisch jetzt nach Kaffee, aber dafür schmeckt der Kaffee nach Thunfisch, und so geht kein Geschmack verloren.

Doch um Geschmacksachen geht es hier eigentlich nicht, sondern es geht um die ursprüngliche Frage, ob Amerikaner einen großen Mund haben. Was nun den Amerikaner neben dir betrifft, der aß den gleichen Sandwich, ohne daß ihm das alles passierte, und die Erklärung dafür liegt auf der Hand.

Wie in Amerika alles größer ist, so sind auch die Menschen größer, und der Amerikaner neben dir hat seiner Größe entsprechend einen so großen Mund, daß er ohne Schwierigkeit in einen Triple-decker hineinbeißen kann. Und deshalb lautet die Antwort auf die obige Frage: Ja, das mit den Amerikanern ist richtig; sie haben wirklich einen großen Mund.

Wer sagt, die amerikanische Küche sei schlecht?

Es stimmt schon, daß in Amerika überall ungeheure Mengen von Hamburgers und Hot Dogs und Chocolate Malts konsumiert werden, und überall schmeckt das alles gleich. Aber diese amerikanischen Magenfüller werden ja vor allem während der knappen Imbißzeit geschluckt, und dafür sind sie noch nicht einmal so schlecht, jedenfalls nicht schlechter als die Würstchen und belegten Brötchen, die man hierzulande aus ähnlichem Anlaß vertilgt. So oder so hat das alles mit der amerikanischen Küche nicht eben viel zu tun.

Es gibt Amerikabesucher, die sich auf ihren europäisch kultivierten Gaumen viel zugute halten, und die wenden gegen die amerikanische Küche ein, sie sei kunstlos und überhaupt so ohne. Vielleicht ist an diesem „so ohne" sogar etwas dran. Wenn man in einem guten amerikanischen Restaurant eine Scheibe von einem Rindsbraten mit der Bezeichnung „Prime Rib of Beef" bekommt, dann liegt da nämlich auf dem Teller ein sehr großes dickes Stück Fleisch ohne Drum und Dran. Da ist keine „Sauce à la quelque chose". Tatsächlich, da ist das Fleisch ganz ohne. Aber ist es deshalb schlecht? Ich sage: Eben deshalb ist es gut; denn alles, was man dazutäte, würde es weniger gut machen. So etwas Herrliches wie „Prime Rib of Beef" bekommt man ja nur in Amerika, und bei dieser höchsten Qualität Rindfleisch kommt es darauf an, wie das Rind gefüttert, beziehungsweise gemästet wurde. Das ist der Unterschied zwischen der amerikanischen und der europäischen Küche. Bei uns wird bei den meisten Speisen ziemlich viel gefummelt, um etwas zu beschönigen oder zu vertuschen. In Amerika dagegen wird beim Essen nicht gemogelt. Wenn etwas an sich sehr gut ist, dann gibt es daran nichts zu verbessern.

Also: Wenn man nach Amerika reist, sollte man sich „Prime Rib of Beef" nicht entgehen lassen. Es ist teuer, aber es lohnt sich bestimmt. Und noch etwas, worauf man achten sollte: In Amerika ist hervorragendes Lammfleisch gang und gäbe. Wenn man sich „Leg of Lamb" bestellt, wird man merken, daß man in Europa solch erstklassige Lammkeule nur sehr selten auf dem Menü gefunden hat. Auch gut gepökelter und zart geräucherter Schinken in Form eines saftigen Bratens ist in Amerika etwas ganz Gewöhnliches, wogegen man ihn bei uns nur zu sehr hohen Preisen bekommt, falls überhaupt.

Das sind alles regelrechte amerikanische Gerichte, wie man sie in guten amerikanischen Restaurants serviert. Natürlich gibt es in Amerika auch jederlei ausländisches Restaurant mit exotischen Gerüchen und Geschmäcken. Aber schließlich geht man nicht in die Vereinigten Staaten, um mexikanisch oder italienisch oder deutsch oder chinesisch zu essen. Und wenn beispielsweise ein Deutscher aus dem Schwabenland auf Spätzle schwört und dazu auf saure Nieren oder saure Leber und auf sehr sauren Salat oder sonst etwas furchtbar Saures, wird er so etwas in Amerika nicht einmal in einem deutschen Restaurant finden. Diese Restaurants sind ja besonders für die Einheimischen da, und ein Amerikaner würde solches Zeug nicht essen.

Begeistert sich jemand andererseits für französische Chablis- und Cognac-Saucen, die alles so verfeinern, ob Jakobsmuscheln oder Langustinen, so wird er enttäuscht sein, wenn er in Amerika diese Meeresfrüchte unter dem Namen „Scallops", beziehungsweise „Jumbo Shrimps" ganz einfach paniert in Fett gebraten, dafür aber in rauhen Mengen bekommt, anstatt à la nouvelle cuisine française in winzigen Würfelchen, die man in der Sauce nur noch mit dem Vergrößerungsglas entdeckt und so gut wie nicht mehr schmeckt. Nein, gemogelt wird nicht mit dem Essen.

Aber wie steht es mit dem Trinken? Gibt es da überhaupt ein gutes Bier? – Wenn man die Biere aus Saint Louis und

Milwaukee versucht, können die besten davon sicher neben den europäischen Bieren bestehen. – „Gut", mögen Amerikareisende nach ihrem Kurzbesuch in New York oder Florida sagen, „aber vom Wein verstehen die Amerikaner nichts; das heißt, es gibt keinen guten amerikanischen Wein." – Offenbar kennen solche Pseudo-Weinkenner nicht die Weine aus Nappa Valley, wohl dem besten Weinbaugebiet Kaliforniens. Bei den dortigen Weißweinen, die es unter den Bezeichnungen „Riesling" und „Gewürztraminer" gibt, oder den Rotweinen, die als „Pinot Noir" und „Cabernet Sauvignon" gekennzeichnet sind, ist da für jeden echten Weinkenner eine Frucht und eine Blume, die auch in Frankreich und in Deutschland nicht leicht zu finden ist.

Und wenn wir schon beim Trinken sind: Wo gibt es sonst noch solche köstlichen Cocktails wie in Amerika? Was da allein mit dem Saft duftender Limonen in genau der richtigen Nuancierung zusammengeschüttelt wird, ist viel mehr als bloß ein Aperitif. Und verglichen mit den feinsten Whiskeys aus Kentucky und aus Tennessee wirken die meisten scharfen Sachen aus Europa ziemlich ordinär.

Wie die Amerikaner bei ihren Cocktails die Getränke raffiniert aufeinander abstimmen können, so machen sie es beim Essen mit den Salaten. Was es da an Vielfalt und Buntheit gibt, mit vielerlei Früchten wie Avocados darin, das macht den Amerikanern kaum ein Europäer nach.

Unter den süßen Speisen sollte man besonders etwas versuchen, was aus echt amerikanischen Früchten zubereitet ist, etwa aus Pecan-Nüssen. Allerdings, wer „Pecan Pie" ißt, sollte lieber nicht die Kalorien zählen. – Und dann, oh, der Ahorn-Sirup, ich meine, der echte vom Saft der Ahornbäume! Zumeist unecht bekommt man ihn ja zum herzhaften Frühstück auf die Pfannkuchen oder auf die Waffeln, dazu ganz zart geräucherten Speck oder würzige Würstchen. Und das ist ja auch nicht schlecht.

Also, Hamburgers, die gibt es natürlich in Amerika, das weiß jeder. Aber nicht jeder weiß, daß es auch noch ganz anderes gibt, zum Beispiel Prime Rib of Beef.

Das amerikanischste aller Essen

Das Truthuhn stammt aus Amerika, obgleich es auf englisch „turkey" heißt, als stamme es aus der Türkei. Die Indianer hatten Truthühner schon seit Urzeiten domestiziert, und die ersten amerikanischen Siedler adoptierten diese Vögel alsbald. Ein Truthuhnessen ist also etwas ungemein Amerikanisches. In den USA ist es das populärste Essen überhaupt. Es enthält in sich die Essenz der amerikanischen Küche. Um ein solches Truthuhnessen kennenzulernen, sollte man sich dazu einladen lassen, und das ist nicht schwer. Im Gegenteil; es wäre in Amerika schon schwer, nicht zu einem Truthuhnessen eingeladen zu werden, besonders zu Thanksgiving, dem amerikanischen Erntedankfest Ende November, dann aber auch zu Weihnachten oder zu Neujahr, und auch sonst werden in Amerika ungeheuer viele Truthühner verspeist, und je größer sie sind, desto beliebter sind sie. Was ein rechtes amerikanisches Truthuhn ist, das fängt bei zehn Kilo erst an, und wenn es fünfzehn Kilo wiegt, dann ist es um so besser. Truthähne sind noch schwerer als Truthennen und können dieses Schwergewicht sogar noch überschreiten.

Da so ein Vogel zu groß ist, um auch von einer großen Familie verkraftet zu werden, und da die Amerikaner die gastfreundliche Geselligkeit lieben, erhält man also leicht die Einladung: „Come and help us eat our turkey!" Und darum wollen wir kommen und helfen, wobei wir aber vorher den Gastgebern wohl schon helfen müssen, fleißig Cocktails zu trinken und die dazu gereichten gesalzenen Nüsse zu essen, und zwar von beidem so reichlich, daß wir uns keinesfalls heißhungrig zu Tisch setzen können, wenn zum Angriff auf das Essen geblasen wird. Immerhin macht es Appetit, zuzuschauen, wie der Herr des Hauses den Riesenvogel tranchiert, einige Scheiben von der Brust und vom Bein auf den ihm jeweils gereichten Teller legt und das aus Weißbrotkrümeln vermischt mit Butter und Sellerieblättern bestehende Füllsel darauf löffelt. Dann wandert der Teller vom Herrn des Hauses durch die Hände der Familienmitglieder und Gäste links oder rechts hinunter zum anderen Ende der Tafel, wo die Dame des Hauses jeden Teller mit den Beilagen versorgt.

Die Dame des Hauses hat mehrere Schüsseln vor sich stehen, zunächst eine mit Kartoffelbrei, und sie fragt nicht, wieviel man will; man ißt, was man bekommt. Jeder wird gleich behandelt, ob Kinder oder Großeltern oder sonstige Verwandte oder wie die Freunde, die geladen sind. Vorzugsbehandlung gibt es nicht in dieser Demokratie. Sowieso weiß die Dame des Hauses ebensowenig wie der Herr des Hauses, bei wem der Teller schließlich landet. Sie löffelt darauf, was darauf geht. Auf den Kartoffelbrei wie aufs Füllsel und aufs Fleisch kommt sehr reichlich Soße; denn die Amerikaner machen zum Truthuhn eine unheimliche Menge Soße, die hauptsächlich aus Fett und Mehl besteht und daher sehr sättigend ist. Jedenfalls wird das Truthuhnfleisch auf dem Teller hiermit schon unsichtbar.

Doch mit den Beilagen sind wir noch nicht fertig. Jetzt kommen noch die Yams, die mit braunem Zucker zubereitet werden, und sie halten ungefähr die Mitte zwischen dem Kartoffelbrei und dem Gemüse, das jetzt von der Dame des Hauses neben die Yams gehäuft wird, wo noch ein wenig Platz auf dem Teller ist. Es mögen Erbsen oder Rosenkohl sein, und man kann von Glück sagen, wenn nicht noch ein weiteres und ebenso sättigendes Gemüse auf den Teller kommt. Die Amerikaner kennen besonders bei einem Thanksgiving-Essen kaum irgendwelche Grenzen. Nur geht jetzt auch wirklich nichts mehr auf den Teller außer einer dicken Scheibe Preiselbeergelee; die muß noch darauf, selbst auf die Gefahr hin, daß dies das Fassungsvermögen auch eines großen Tellers übersteigt.

Und doch sind wir noch nicht fertig. Es gibt kaum einen amerikanischen Haushalt, in dem man nicht auch Brot oder „muffins" – das sind eine Art hausgemachte Semmeln – mit viel Butter zum Essen servierte. Und damit nicht genug. Es ist in Amerika unumgänglich, daß man rohe Vegetabilien zu sich nimmt, und deshalb stehen in der Mitte des Tisches Platten mit Schnittzwiebeln und Radieschen und Oliven und Stangensellerie, und die ist dazu noch mit Rahmkäse bestrichen. Und dann bekommt man der Sicherheit halber noch eine weitere Speise auf einem kleineren Teller neben dem großen Teller; sie besteht aus Fruchtgrütze mit geschnipselten Karotten und geraspelten Paprikaschoten darin. Aber hiermit nähern wir uns tatsächlich dem Ende der Darbietungen. Alle Teller sind beladen. Herr und Dame des Hauses nehmen die letzten zwei Teller für sich. Die bis dahin geduldig wartende Tischrunde darf mit oder ohne ein vom Herrn des Hauses gesprochenes Gebet auf das Kommando: „Okay, let's eat!" das Mahl beginnen, ohne daß man vorher anstößt, denn die mit ice water gefüllten Wassergläser klängen nicht gut.

Nun also versucht man, unter all dem, was da auf dem Teller liegt, an das Truthuhnfleisch heranzukommen, und wenn man es geschafft hat, stellt man fest, daß es so zart und saftig und wohlschmeckend ist, wie nur ein in Amerika gemästetes riesengroßes Truthuhn so etwas fertigbringt. Aber man muß sich halt auch durch all das andere hindurchessen, und wer zu Anfang des Essens von dem Truthuhnfleisch nicht genug bekommen konnte, schnappt nach Luft, wenn der Herr des Hauses ihm noch einige Scheiben nachlegen will, und wehrt dieses Ansinnen ab. Schließlich weiß man, daß als Nachtisch des Thanksgiving-Essens noch die obligate Kürbistorte kommt, und zu diesem „pumpkin pie" muß man sehr viel Kaffee trinken. Und man will auch das überleben.

Aber gut war es auf jeden Fall. Amerikanisch enorm. Enorm amerikanisch.

Typisch amerikanische Typen

Von den amerikanischen Urtypen

Die Indianer, die auf ihren Reservationen in den Staaten ein zumeist sehr kümmerliches Dasein fristen, jene Stämme der Sioux, Navajo, Hopi, Zuni sowie einige andere, die da in den Wüsten, Prärien oder auch Wäldern von der amerikanischen Nation abgesondert leben, haben jetzt keine höhere Kultur als zur Zeit, da es die Vereinigten Staaten von Amerika noch nicht gab; im Gegenteil, sie sind eher abgesunken, haben mancherlei hochentwickeltes indianisches Handwerk wie das der Töpferei, Korbflechterei und Weberei verlernt und, sofern sie in die amerikanische Zivilisation abwanderten, sind sie großenteils verkommen.

Die Reservationen, die man den verschiedenen Stämmen im Westen zugestanden hat, sind zumeist nicht die heimatlichen Gefilde dieser Stämme. Es ist noch keine hundert Jahre her, daß die Indianer der USA zuletzt aus ihren angestammten Ländereien vertrieben oder darin abgeschlachtet wurden. Seit die Engländer im Jahre 1607 die erste dauerhafte Siedlung der heutigen USA gründeten, Jamestown im jetzigen Staate Virginia, wurden die Indianer befehdet, versklavt, beraubt, getötet, und viele ihrer Stämme wurden nahezu oder gänzlich ausgerottet. Jeder Vertrag, den man mit ihnen schloß, wurde alsbald gebrochen. Aus jedem Reservat, das man ihnen zusprach, wurden sie wieder vertrieben, immer weiter nach Westen, bis es nicht mehr weiter ging.

Die Scheußlichkeiten, die es zwischen 1860 und 1890 bei den Indianerkämpfen gegeben hat, waren die letzten; denn danach haben sich die Indianer nicht mehr gegen die Unterdrückung zur Wehr gesetzt, sie haben sich in ihr Schicksal ergeben, die wenigen, die es noch gab. Es wurden gegen Ende des letzten Jahrhunderts bei jedem Krieg und in jeder Schlacht und bei jedem Überfall von seiten der Amerikaner ebenso wie von seiten der Indianer Greueltaten begangen. Das Skalpieren wurde von beiden gleichermaßen geübt; wer damit angefangen hatte, ist nicht mehr auszumachen. Von beiden Seiten wurden sinnlose Verstümmelungen an den toten Kriegern verübt. Von Indianerromantik und Kinderspielen ist da keine Spur. Kaum jemand, der sich saubere Hände bewahrte.

„Der einzige gute Indianer ist ein toter Indianer." Dieser Ausspruch eines amerikanischen Offiziers wurde in Amerika zum Prinzip erhoben. Indianische Männer, Frauen und Kinder wurden nicht etwa nur in der Hitze des Gefechts niedergemetzelt, sondern auch in sorgfältig geplanten Aktionen und auf Anordnung der Befehlshaber. So hatte ein amerikanischer Oberst vor dem Massaker der Cheyennes öffentlich empfohlen, auch die Kinder zu töten, nämlich mit dem Argument: „Aus Nissen werden Läuse."

So verschwanden sie dann, ein Stamm nach dem anderen, zuletzt die westlichen Stämme, die durch eben diese grausame Geschichte so berühmt geworden sind, die Sioux, Apachen, Comanchen, Cheyennes und Navajos. Freilich, total ausgerottet wurden sie nicht. Dafür waren sie zu beweglich, war das Land zu weit. Und es gab im Westen immerhin riesige Gebiete, an denen den Amerikanern nichts gelegen war, vor allem die Wüsten der Staaten Arizona, Utah, New Mexico und Kalifornien. Dort sind die größten Reservate, und dort begegnet man den Indianern jetzt als freundlichen, friedlichen Menschen.

Sie sprachen kein Englisch, und ihre jeweilige indianische Sprache hat keine Schrift. Schriftliche Verträge mit Indianern, wie die Amerikaner sie immer machten, sind schon deshalb kurios. Und wie konnte man von den Indianern erwarten, daß sie sich an willkürliche Grenzen hielten, da sie ihre Jagdgründe da suchten, wo sie eben waren! Hielten sich doch auch die Büffel, denen die Indianer nachjagen mußten, um zu überleben, nicht an Längen- und Breitengrade. Außerdem hatten die Indianer nie Landkarten gehabt, und die meisten wissen auch heute noch nicht, ob die Erde eine Scheibe oder eine Kugel ist; sie haben keinen Grund, darüber nachzudenken.

Derlei Schwierigkeiten im Umgang mit den Indianern werden nur da offenbar, wo die indianische Sprache wiedergegeben wird. Es ist eine poetisch anmutende, anschauliche Sprache, der aber die Begriffe für nahezu alles fehlen, was den Amerikanern andererseits vertraut war und ist. Da mußte beispielsweise der Präsident der Vereinigten Staaten als „großer Vater" bezeichnet werden, und als „Häuptlinge" seine Minister.

Auch die heute überlebenden Indianer kennen zumeist nur die zivilisationsferne Welt ihrer Reservate, und dort stellt man sie nachgerade unter Naturschutz, wie die Büffel und die Silberlöwen. Auf daß ein wenig ursprüngliches Amerika erhalten bleibe. Zum Wohle der Touristen. Und wie nun die Büffel und die Silberlöwen, so nehmen auch die Indianer wieder zu an Zahl, wenn sie jetzt allenfalls auch nur ein halbes Prozent der amerikanischen Bevölkerung ausmachen. Aber die Indianer dürfen die Büffel nicht jagen. Nur Beamte der Bundesregierung dürfen einzelne Tiere abschießen, wenn eine der Herden zu groß geworden ist und die Landschaft bedroht. Es ist unmöglich, den Indianern begreiflich zu machen, weshalb sie keine Büffel mehr jagen dürfen. Im alten Indianerland wird Büffelfleisch in den Supermärkten feilgeboten. Es schmeckt vortrefflich und ist nicht eben billig. Ein Sioux-Indianer aber weiß nicht mehr, wie die Hauptnahrung seiner Väter schmeckt, denn er kann das Fleisch nicht kaufen in seinen Reservationen, wo es keine Supermärkte gibt. Und jagen darf er die Büffel auch nicht. Kein Wunder also, daß die Sioux die moderne Welt nicht verstehen.

Und nicht viel anders geht es den anderen Indianern, beispielsweise an den Flüssen der Staaten Oregon oder Washington. Sie leben fast ausschließlich vom Fischfang, und wenn die Lachse zum Laichen die Flüsse hinaufziehen, legen sie ihre Netze aus. So war es immer, und die Regierung hatte ihnen das Fischfangrecht vertraglich zugesichert, als die Stämme in die verschiedenen Reservationen umgesiedelt wurden. Aber die amerikanische Bundesregierung bangt immer mehr um die Erhaltung der Forste und Wildbestände, ebenso der Fischbestände in den Seen und Flüssen. Die Jagd und die Fischerei wird immer mehr genauen Bestimmungen und Gesetzen unterworfen. Die Beamten der Bundesregierung durchstreifen deshalb auch die Indianer-Reservationen in den mehr nördlichen wald- und wasserreichen und darum fischreichen Gebieten und versuchen, den Menschen dort klarzumachen, sie dürften nur zu gewissen Zeiten fischen, zu anderen Zeiten nicht. Die Indianer aber wollen nichts von irgendwelchen Bestimmungen wissen. Die mögen für die weißen Eindringlinge gelten, nicht jedoch für sie, denen das Land mit Wäldern und Seen und Flüssen seit Jahrtausenden gehört. Hat man ihnen nicht das Recht der Fischerei sogar vertraglich zugesichert? Die Stammeshäuptlinge haben die Dokumente aufbewahrt, und in der Bundeshauptstadt Washington sind die Verträge schließlich auch bekannt. Die Bundesbeamten mögen das Fischen anderen verbieten. In den Indianer-Reservationen wird weitergefischt.

Die Beamten kommen mit langen Erklärungen, die von den Dolmetschern den Indianern nicht nur in ihre Indianersprache übersetzt werden, sondern auch in eine ihnen sonst begreifliche Sprache. Die Indianer haben nämlich noch nie etwas von Biologie und Ökologie gehört; Wörter dafür gibt es in ihrer Indianersprache nicht. Man erläutert ihnen, warum man ihnen die Fischerei zu gewissen Zeiten untersagt. Die Dolmetscher erklären, das geschehe vor allem zu ihrem eigenen Schutz. Denn sie fischten jetzt mehr als zuvor, da sie wieder zahlreicher sind; und wenn jetzt nicht genug trächtige Lachsweibchen ihre Laichplätze erreichten, dann gäbe es nicht genug Nachwuchs; nicht genügend junge Fische zögen dann mehr die Flüsse hinunter ins Meer, daher später auch lange nicht mehr genug erwachsene Fische hinauf, um die indianische Bevölkerung zu ernähren.

Einem Weißen, der zur Schule gegangen ist, mögen diese Argumente einleuchten; einem Indianer, der noch beinahe in der Steinzeit lebt, können sie nichts bedeuten. Er versteht nur, daß er jetzt Fische fangen will, weil er jetzt welche essen will, und eben jetzt, da die Fische am zahlreichsten den Fluß hinaufziehen und daher am leichtesten zu fangen sind, eben jetzt sagt man ihm, er dürfe nicht fischen. Das gibt für ihn keinen Sinn. Und Sinn oder Unsinn, er hat einen Vertrag, und der Weiße will den Vertrag brechen. Also wird weitergefischt.

Da gebrauchen die Beamten schließlich Polizeimethoden und halten die Indianer gewaltsam vom Fischen zurück. Gesetz ist Gesetz.

Aber Vertrag ist Vertrag. Und darum schlagen die Indianer schließlich zu. Sie gehen nicht mit dem Kriegsbeil auf die Beamten los. Sie schießen nicht. Sie schlagen mit Knüppeln zu und vertreiben die Beamten von der Reservation.

Amerika ist wohl der mächtigste Staat der Welt. Aber die Hüter dieses Staates wissen nicht, wie sie hier die Macht des Staates anwenden sollen. Die Indianer andererseits wissen jetzt, daß sie sich gegen den weißen Eindringling wehren können. Wenn der zuschlägt, brauchen sie nur zurückzuschlagen.

An einer Autobahn, die durch die Prärie im ehemals Wilden Westen führt, sah ich ein Schild, das ein Spaßvogel da aufgerichtet hatte. Auf dem Schild stand: „Binnen 100 Fuß von der Autobahn dürfen Indianer keine Touristen skalpieren." – Es ist noch nicht lange her, da hätte das Schild nicht so komisch gewirkt, und wir wollen hoffen, daß es seine Komik nicht wieder verliert.

Der Friedensrichter

Die Stadt, wo ich dem Friedensrichter vorgeführt wurde, will ich lieber nicht nennen. Aber daß sie in Texas war, kann ich getrost sagen. Texas ist ja groß.

Als ich den Wagen einer Ortschaft zusteuerte, heulte hinter mir eine Sirene auf. Das galt mir, und ich konnte mir denken, was das hieß. Bei der Leere des Landes, den ungeheuren Entfernungen zwischen den Siedlungen und den oft schnurgeraden Straßen vergißt man leicht, wie schnell man fährt. Und in Amerika gibt es in allen Staaten Geschwindigkeitsbegrenzungen; die gelten selbst auf den Strecken durch Wüste und Prärie.

Das Heulen der Sirene schraubte sich herunter zum drohenden Brummen, während ich meinen Wagen verlangsamte und zum Halten brachte. Hinter mir stieg der Sheriff, ein baumlanger Texaner, aus seinem Wagen. Wie der Sheriff eigentlich aussah, wüßte ich kaum zu sagen. Oben endete der Riese mit dem typischen Hut des Sheriffs, unten sah man die Stiefel des Texaners, am Gürtel sah man den Revolver; aber das Gesicht hätte man mit dem eines beliebigen anderen Sheriffs austauschen können. Es war da nur etwas Fleischiges zwischen Hemd und Hut.

Meinen Führerschein wollte er sehen. Zwanzig Meilen über die Geschwindigkeitsgrenze sei ich gefahren, sagte er, und vermutlich hatte er recht. Aber man war schließlich in Texas, wo alles so gewaltig ist, und auch bei einer noch höheren Geschwindigkeit kommt man nirgends ans Ende der Prärie.

Ich brachte mancherlei vor, ich versuchte es mit Liebenswürdigkeit ebenso wie mit Entrüstung, ich appellierte an seine Großmut und auch daran, daß ich nur die allerbesten Erinnerungen an den Staat Texas mit mir zu nehmen wünschte. Es nützte alles nichts. Er sagte nach jedem neuerlichen Anlauf, den ich nahm, es tue ihm leid, aber ich müsse mit ihm vor den Friedensrichter. „Follow me!“ verlangte er, und schließlich folgte ich seinem Wagen, bis wir in der Stadt, deren Namen ich nicht nennen will, angekommen waren.

Vor einem kümmerlichen, schmutzigen Gebäude hielten wir. Ich folgte dem Sheriff in den Raum, der ein Laden gewesen sein mochte, ehe daraus dieser kleine verwahrloste Gerichtsraum des Justice of the Peace geworden war. Und der Friedensrichter entsprach dem Raum. Ein kleiner, fettiger, verschwitzter, verlotterter Mann. Seine Kleider, einschließlich Hemd, sahen aus, als trage er sie tags ebenso wie nachts. Sein Gesicht hatte etwas Verschmitztes. Es war ein Gesicht mit roten Bäcklein und blauen Augen, die ein wenig verwässert auf mich hinunterschauten, da er nun auf seinem Richterstuhl saß.

„Do you plead guilty or not guilty?“ fragte mich der Friedensrichter, aber ich wußte nicht, ob ich mich schuldig oder unschuldig bekennen sollte. Ich kannte die Konsequenzen nicht, so oder so. Also fragte ich ihn, und er gab mir eine ausführliche Erklärung, die sich jedoch auf den einfachen Nenner bringen ließ, ich müsse 50 Dollar bezahlen, wenn ich mich schuldig bekenne; wenn ich mich dagegen unschuldig bekenne, so koste es mindestens 100 Dollar.

Für mich waren 100 Dollar keine Kleinigkeit, auch 50 nicht. Ich war sehr betroffen und erwiderte seine Erklärung mit Erklärungen meinerseits, in denen ich ungefähr alles wiederholte, was ich dem Sheriff bereits an Argumenten angeboten hatte, um meinen Verstoß wider das Gesetz zu begründen. Das wurde dem Sheriff langweilig, und er verließ den Gerichtsraum, vermutlich um sich auf die Jagd nach weiterer Beute zu machen.

Der Friedensrichter schien genau so unerbittlich wie der Sheriff zu sein. „Gesetz ist Gesetz“, erklärte er mir. Es tue ihm leid. Er habe die Gesetze nicht gemacht. Er richte nur nach ihnen.

Aber, wendete ich ein, Gesetze seien hier anders als dort, und wie könne man sie alle kennen! Jeder Staat in Amerika habe seine eigenen Gesetze, und in Europa erst, woher ich gerade käme, da gälten auch in jedem Land wieder andere Gesetze. Wer fände sich da durch!

So, aus Europa käme ich gerade, meinte der Friedensrichter, da sei er während des Krieges gewesen, nämlich in Frankreich. Und er strahlte versonnen, als er sagte: „I sure like that French Cognac!“ In der Tat, das konnte ich mir vorstellen, daß er französischen Cognac mochte. Und während seine blauen Augen verschwammen, leuchtete seine Nase rötlich auf. Dann aber sagte er betrübt, dieser Teil des Staates Texas sei trocken; Alkohol dürfe weder in diesem, noch in den benachbarten Bezirken verkauft werden. Und nun zuckten gar seine Mundwinkel, als wolle er anfangen zu weinen.

Ich benützte den Augenblick seines Schmerzes, um ihn zu bitten, mich einen Moment zu meinem Wagen zurückkehren zu lassen, da ich ihn zu schließen vergessen hatte. Er gestattete es, und ich schloß den Wagen, nachdem ich ihm eben eine Tüte entnommen hatte. Als ich in den Gerichtsraum zurückgekehrt war, sagte ich: „Your Honor, Sie haben so nett mit mir geredet und Sie haben so ehrenwerte menschliche Qualitäten. Dergleichen findet man bei einem Richter in Europa kaum. Und ich möchte Euer Ehren ein wenig über die Trockenheit Ihres Bezirkes hinwegtrösten. Ich habe zwar keinen französischen Cognac bei mir, aber ich komme gerade aus dem Staate Kentucky und bin dann durch den Staat Tennessee gefahren und habe von dort eine Flasche Kentucky Straight Bourbon Whiskey mitgebracht.“ Und ich holte sie aus der Tüte, während er abwehrte: „Oh no, you must not do that!“, aber es war nicht klar, ob er es aus Unbestechlichkeit oder aus Bescheidenheit tat. Ich jedoch bestand darauf: „Um Eure Menschlichkeit zu ehren, Euer Ehren!“ Und er wehrte nur noch mit einer Hand ab, während er die

Flasche mit der andern Hand entgegennahm und geschwind unter dem Richtertisch verschwinden ließ.

Jetzt fand er wieder Worte, aber von 100 oder 50 Dollar war keine Rede mehr, sondern er sagte nur: „Fahren Sie nun weiter, aber fahren Sie langsam auf dem Weg aus der Stadt. Am anderen Ende ist nämlich auch ein Sheriff postiert." Ich versicherte ihm, daß ich seinen Rat befolgen würde, verließ den Gerichtsraum und winkte ihm noch einmal von der Straße durchs Fenster zu. Aber er sah es offenbar nicht, denn er beugte sich gerade von seinem Stuhl hinab und griff unter den Richtertisch.

Kein Geschmack an Kaviar

Es war ein großes Diner, und die Gastgeber waren Russen, richtige Sowjetrussen. Die können nämlich für ein Diner mit soundsoviel Gängen vielerlei Leckerbissen geschmackvoll zusammenstellen, und alles stammt aus der Sowjetunion. Eben damit wollte man zweifellos auf die geladenen Gäste aus Westeuropa Eindruck machen, nicht minder als auf den Amerikaner, der ebenfalls zu der sowjetischen Schlemmerei geladen war. Er saß mir gegenüber, und ich wechselte gelegentlich ein paar Worte mit ihm, zum Beispiel auch über das Hors-d'œuvre, das auf hübsch garnierten Tellern aufgetragen worden war. Da gab es lauter Leckereien im Kreis um einen beachtlichen Klecks Kaviar. Es war echter und rechter Störkaviar, wie man ihn in solchen Mengen vielleicht nur an einer sowjetrussischen Tafel bekommt. Die westeuropäischen Gäste waren denn auch entzückt über diese großzügige Gabe, und man merkte, wie die Sowjetunion einige Grade höher in ihrer Achtung stieg. Die Gastgeber hatten das sicher beabsichtigt und waren deshalb mit dem Kaviar so freigebig umgegangen.

Während ich mir den Kaviar munden ließ, beobachtete ich, wie der Amerikaner mir gegenüber die Leckereien um den Kaviar herum im Uhrzeigersinn vom Teller abgraste, bis zuletzt die Hauptattraktion des Hors-d'œuvre in der Mitte unberührt noch vor ihm lag, und ich fragte ihn, ob er sich diese Delikatesse als Glanzstück des Hors-d'œuvre bis zuletzt aufgespart habe. – „No“, sagte er, „I don't care for caviar“, und er fügte hinzu: „I never developed a taste for it.“

Er hatte also nie Geschmack an Kaviar gefunden. Aus

dem, was alle hier so genüßlich auf der Zunge zergehen ließen, machte er sich nichts. Und wenn sich das Zeug mit der unschönen grauen Farbe auch Maloss'ol-Kaviar nannte, so war ihm das ebenso egal wie die Meinung derer, die bemerkten, daß er den Kaviar verschmähte. Ihm war nun einmal ein Hamburger mit Ketchup lieber, aber den bekommt man nicht an einer russischen Tafel, und zum Hors-d'œuvre bekommt man ihn nicht einmal an einer amerikanischen, außer vielleicht winzig klein und unter anderem Namen. Selbstverständlich war für ihn Hamburger nicht unbedingt eine Köstlichkeit. Auch darüber unterhielt ich mich mit ihm. Es gab Hamburger und Hamburger. Es gab Cheeseburger, Nutburger, Chiliburger, Popburger. Es gab bessere und schlechtere Hamburger in jeder Kategorie. Die konnte er sehr wohl voneinander unterscheiden, und einen wirklich schlechten Hamburger hätte er ebenso verschmäht wie Maloss'ol-Kaviar, der ihm auf keinen Fall schmeckte. Er betonte es noch einmal: „I just don't like fish eggs, that's all."

Ich weiß nicht, was die russischen Gastgeber von dem Amerikaner hielten, als sein Teller mit dem unberührten Kaviar abgetragen wurde. Mit Sicherheit war das ihren scharf spähenden Blicken nicht entgangen, und die Sowjetmenschen mochten zur Einsicht kommen, daß es beträchtlich einfacher war, einen Westeuropäer zu charmieren als einen Amerikaner. Der war nicht so berechenbar. Den konnte man nicht so leicht für sich gewinnen, wenigstens nicht ohne weiteres mit russischen Delikatessen und jedenfalls nicht mit Kaviar.

Ein „Stockholder" fliegt ins Hofbräuhaus

New York hatte sein abendliches Glitzern schon begonnen, als ich zum Kennedy Airport gefahren war. Ich hatte einen Nachtflug nach Zürich gebucht und saß nun in einer der großen Hallen und lauschte den Ankündigungen im Lautsprecher. Neben mir war ein freier Platz, und ein Mann setzte sich dahin, begrüßte mich mit „Hi!", und ich antwortete: „Good evening!" – „Where are you going?" fragte er. – „To Zürich", antwortete ich und brauchte ihn nicht zu fragen, wohin er gehe; er sagte es mir auch so. – „I'm going to Munich", sagte er und erklärte auch gleich, warum er nach München gehe. Er wolle nämlich ins Hofbräuhaus. Das habe er noch nicht gesehen bei seinen früheren Besuchen in Europa, und das müsse man doch einmal gesehen haben, und darum habe er sich jetzt gesagt: „Better late than never." Morgen wolle er ins Hofbräuhaus, und übermorgen fliege er zurück nach Buffalo; denn da sei er her. Er stellte sich nun vor mit den Worten: „I am Bob", und ich entgegnete: „I am Klaus". Und er fragte: „How are you, Klaus?" Und ich antwortete: „I am fine. How are you, Bob?" Und dann redeten wir über Europa im Vergleich zu Amerika im allgemeinen und über amerikanisches Bier verglichen mit europäischen Bieren im besonderen und streiften bei diesem Gespräch auch mehrmals das Hofbräuhaus.

Sein Flugzeug flog eher ab als meines. Man hatte schon ausgerufen, daß die Passagiere an Bord gehen sollten, aber das kümmerte ihn nicht. Er redete weiter mit mir, und ich begann zu befürchten, daß er für seinen Flug zu spät kommen würde. Deshalb ermahnte ich ihn: „You better board your plane, Bob!“ Aber er entgegnete: „Don’t worry, Klaus, they’ll wait for me. I’m a stockholder.“ – Er meinte also, man würde schon auf ihn warten. Er sei nämlich ein „stockholder“, ein Aktionär also, und selbstverständlich ein Aktionär der Fluggesellschaft, mit deren Flugzeugen er reiste, hierhin, dahin, wo es ihm gerade paßte, und im Augenblick paßte ihm das Hofbräuhaus.

Die Zeit des Abflugs seiner Maschine rückte immer näher heran, und durch den Lautsprecher wurde ausgerufen, Mr. Robert Snyder, passenger first class, möchte sich melden. „That’s me“, sagte er, und er meldete sich auch am Tresen seiner Fluggesellschaft, kam aber dann zurück zu mir, weil er noch einige Auskunft von mir wollte, bis ich ihn nochmals ermahnte, an Bord seines Flugzeugs zu gehen. Doch er war auch jetzt sicher, daß man nicht ohne ihn abfliegen würde. „They can’t leave without me“, sagte er. „I’m a stockholder.“

Die Zeit des Abflugs war schon überschritten, und immer noch redete er mit mir. Endlich aber beendete er seinen Schwatz mit den Worten: „Okay, Klaus, I’ll see you again“, und ich entgegnete: „Good-by, Bob, have a good time at the Hofbrau!“ Und er bequemte sich zur Gangway, die zu dem Riesenvogel führte, in dessen Leib einige hundert Passagiere zweiter Klasse, die alle anderswohin als ins Hofbräu wollten, geduldig warteten, bis er in die erste Klasse geleitet wurde, daselbst zu einer Liege, wo er während der Nacht ruhen wollte, um morgen ausgeruht zu sein für den Besuch im Hofbräuhaus. Das riesige Flugzeug wurde nun von der Gangway losgemacht und aufs nächtliche Flugfeld gerollt, um alsbald vom Kennedy Airport abzuheben. Der „stockholder“ war an Bord.

Klaus Mampell

Typisch französisch

Amüsantes von unseren Nachbarn

Band 1211, 128 Seiten

Was fällt einem alles ein, wenn man an Frankreich denkt! Galanterie und Kunstgenuß, Küchenkultur und Sinnenfreude – und natürlich Napoleon. Er hat das Bild von der großen Nation geprägt. Selbst Mitterrand wird ihm von Jahr zu Jahr ähnlicher. Doch hinter der großartigen Fassade sieht manches anders aus, und in dieses weniger bekannte (aber um so liebenswertere) Frankreich möchte Sie dieses Taschenbuch einführen. Der Autor hat als Korrespondent viele Jahre Tür an Tür mit Franzosen gearbeitet und gelebt, ihren Witz bewundert und ihre Vorliebe für das Private geteilt. Im Alltag ist fast jeder Franzose ein kleiner Anarchist. Wer Frankreich nicht nur nach Baedeker kennerlernen möchte – hier findet er einen zuverlässigen, humorvollen Führer zu Land und Leuten.

Herderbücherei

Landschaften des Humors

Roland Hill
Typisch irisch
Ein vergnüglicher Reiseführer
Band 1210, 144 Seiten

Horst Schlitter
Der Vatikan durchs Schlüsselloch betrachtet
Unbekanntes und Heiteres um den kleinsten Staat der Welt
Band 1005, 128 Seiten, 2. Aufl.

Alice Schwarz-Gardos
Paradies mit Schönheitsfehlern
So lebt man in Israel
Band 944, 128 Seiten

Herbert Sinz
Froh gelebt und leicht gestorben
Rheinisches Gelächter
Band 1201, 128 Seiten

Horst Stankowski
Beamtenleichen reisen billiger
Glanzstücke italienischen Humors
Band 991, 128 Seiten

in der Herderbücherei